# 여인, 시대를 품다

여인, 시대를 품다

초판 1쇄 인쇄  |  2010년  8월 1일
초판 1쇄 발행  |  2010년  8월 7일

지은이  |  이은식
펴낸이  |  최수자

주간  |  고수형
디자인  |  디자인 곤지
인쇄  |  청림문화사
제본  |  문종문화사

펴낸 곳  |  도서출판 타오름
주소  |  서울시 은평구 녹번동 38-12 2층 (122-827)
전화  |  02) 383-4929
팩스  |  02) 3157-4929
전자우편  |  taoreum@naver.com
           http://blog.naver.com/taoreum

ISBN 978-89-94125-05-3 03900

*이 책은 저작권법에 따라 보호 받는 저작물이므로 무단 전재와 무단 복제를 금합니다.

# 여인, 시대를 품다

| 이은식 지음 |

타오름

# 차례

작가의 말 ································································································ 7

## 예술로 시대의 한계를 넘어선 여인들

조선 후기 여류 문학의 꽃, 박죽서 ································································ 13
 - 원주가 낳은 인물들 ············································································ 23
삼호정 시단을 이끈 김금원 ········································································ 31
 * 역사 인식은 부족했던 계몽 시대의 사학자 이능화 ··········································· 38
강물에 몸을 던진 비운의 시인 허난설헌 ······················································ 45
 - 국경을 넘어 조선을 빛낸 천재 시인 ·························································· 47
 * 양천 허씨 허엽을 중심으로 한 가계도 ······················································· 52
 - 허난설헌의 가정환경 ············································································ 53
 - 행복했던 소녀 시절 ············································································· 55
 * 중국 소설의 보고 『태평광기太平廣記』 ························································ 59
 - 외로운 부인, 불행한 어머니 ··································································· 62
 - 활화산 같은 시혼의 소유자 허난설헌 ························································ 64
 - 규원과 고독의 상처를 빼어난 시로 승화시키다 ············································ 66
 - 허난설헌의 위상과 문학 ······································································· 71
 - 전해지는 유일한 작품 『난설헌집』 ···························································· 82
 - 다섯 문장가의 시 문학 ········································································ 88
  강직하나 포용력은 부족했던 허엽 ··························································· 88
  파국으로 치달은 기인 허균 ···································································· 91
  작품에 민중의 마음을 담은 허균 ····························································· 91
  허균 문학의 의의 ················································································ 95
 * 야사 총서 『패림稗林』 ············································································ 96

자아실현을 꿈꾼 여성 신사임당 ·················· 98
  - 사임당의 뿌리 ································ 107
  * 뜻은 좋았으나 외골수가 되어 기묘사화를 당하다 ······ 109
  - 사임당과 율곡, 오죽헌에서 태어나고 자라다 ········ 117
  - 사임당이라 부르는 이유 ························ 123
  - 시대를 뛰어넘는 예술가로서의 면모 ·············· 126
  - 재능을 꽃피게 해 준 사임당의 가족 ··············· 129
    효성 지극한 자식으로서의 사임당 ················ 130
    인내심 많고 현명한 부인 사임당 ················· 133
    * 외척 득세의 길을 연 을사사화 ················· 137
    4남 3녀의 어진 어머니 사임당 ··················· 142
  - 주막집에서 태어날 뻔한 율곡 ···················· 147
  - 석학 이이의 뒤에는 큰 나무 사임당이 있었다 ······ 149
  - 후세 사람들이 말하는 겨레의 어머니 ·············· 158
  * 신사임당과 율곡 이이를 중심으로 한 가계도 ········ 159
  - 한국 여성의 영원한 표상 사임당 ·················· 169
  * 자운서원 영내 묘군 분포도 ······················ 173

## 정치를 문학 작품에 녹여 낸 여인

여자의 눈으로 정치를 기록한 혜경궁 홍씨 ············ 177
  - 당쟁에 희생된 비운의 왕 사도 세자 ··············· 182
  - 세자의 죽음으로 영화를 누린 이들 ················ 187
  - 가문의 복권을 위한 정치적 입장을 밝히다 ·········· 194
  * 혜경궁 홍씨를 중심으로 한 가계도 ················ 195
  * 조선예학자계보朝鮮禮學者系譜 ···················· 196

# 학문의 정도를 걸은 여인들

## 대학자와 어깨를 나란히 한 윤지당 ·········205
- 탁월한 식견으로 주위를 놀라게 하다 ·········207
- 평생 성리학에 정진한 그녀의 유고집 ·········210

## 남편과 학문을 나눈 정일당 ·········213
- 시어머니와 시로써 정을 주고받다 ·········216
- 정일당의 저서 『정일당 유고』 ·········218

# 내조의 능력을 발휘한 여인들

## 동정월, 이기축을 출세시키다 ·········221
- 후일 만들어진 이기축에 대한 역사 기록 ·········227
- *이기축 가계도 ·········231
- 잘못 기록되는 역사 ·········231
- 인조반정에 함께 참여한 종형제 이서 ·········233

## 난봉꾼을 정승으로 만든 일타홍의 사랑 ·········236
- 등과의 기쁨도 잠시 ·········242
- 늙은 정승의 눈물 ·········244
- 빗속의 꽃상여는 구슬프게 떠나가고 ·········248
- 심희수의 선조, 조선 개국공신 심덕부 ·········253
- 후손에게 재물과 식록이 끊이지 않는 심덕부의 묏자리 ·········256
- 상신에 오른 심덕부와 그의 일곱 아들 ·········259
- *심희수를 중심으로 한 가계도 ·········265
- 청송 심씨 인맥에 중흥을 일으킨 이들 ·········267
- 왕가의 힘을 얻고 중흥을 맞이한 부끄러움 ·········276

## 작가의 말

　우리네들이 삶을 살아가다 보면 힘든 순간이 더 많고 그럴 때면, 자신도 모르게 가슴이 답답해 옴을 느끼게 된다. 어렵고 고달픈 세월이 밀려올 때마다 스스로의 방법으로 극복해보려 노력하지만 쉽지만은 않은 순간들이 연속되기도 한다.

　거칠고 험한 길을 편하게 걷기 위해서 모든 길을 비단으로 덮을 수는 없다. 그러나 나의 두 발에 가죽 구두를 신은 듯 자신을 단련시킨다면 우리들이 비단 길을 걷는 듯 느낄 수 있지 않을까. 세상을 살아가는 동안 거칠고 험한 길은 수없이 많아서 다 상대할 수도, 이길 수도 또한 없다. 그렇지만 내 마음 속에서 일어나는 분노와 고통을 다스릴 줄 안다면 모든 적을 이기는 것과 무엇이 다르겠는가.

　이 같은 여유롭고 참된 말들은 있으나 실지로 행하기란 허상을 움켜쥐려 발버둥치는 것과 같을 때가 오히려 많다. 여기 풀잎보다

연한 심성을 타고나 한세상 먹구름에 가려진 밝은 해를 보려고 몸부림을 치다 까맣게 타버린 가슴을 뜨거운 눈물로 녹여내고 차가운 한恨으로 담금질하면서 자신의 삶에 당당히 대면한 여인들이 있다.

그들이 남기고 간 몇 줄의 사연들은 과거의 눈물겨웠던 이야기로 남겨질지도 모르나 현재 우리들의 삶과 동떨어진 삶은 없기에, 여기 모아 소명해보았다. 조선의 여인들은 삶으로부터 자유롭기 위해 먼저 자기 자신을 버려야 했고, 거대한 운명의 파도를 담대히 맞이해야만 했으며, 가혹한 현실 앞에 안타깝게도 생의 끈을 놓아버리기도 했다.

오늘을 살아가는 우리들 앞에 여기 저기 흩어진 그들의 사연을 묶어 놓고 보니, 앞을 보지 못하는 장님처럼 세상의 진실을 깨우치지 못해 불안해하는 경우가 많은 우리들에게 하나의 이정표가 될 것이라는 확신이 선다.

자신의 재능이 무엇인지, 그리고 자신이 어떤 사람인지 깨닫고 그것을 포기하지 않았던 그들은 어느 한 날 애달프고 애절한 마음은 볼품없는 투박한 작은 질그릇에 담아 놓고 홀가분히 떠날 수 있지 않았을까.

죽음은 육체를 갖고 사는 존재의 휴식이자 새로운 전환점으로서 환영할 만한 변화의 시작인지도 모른다. 하루 일이 끝나면 밤의 잠자리가 새로운 날을 가져다주고, 행복을 꿈꾸게 해주듯 죽음은 더 큰 날의 시작일 수도 있다는 초인적인 철학 사상을 가슴 깊숙이 묻고 떠났으리라 믿어진다.

해지도록 찾아 헤맨 봄 끝내 찾지 못하고
다리 끌며 산봉우리 흰 구름만 헤쳤네.
돌아오면서 봄을 찾음은 버려 버리고
뜨락에 들어서니
매화 향 터지는 가지여
아, 내가 그렇게 애타게 찾던 봄이 이곳에 있음을 정말 몰랐구나.

  필자의 마음도 매양 이러하리니, 오늘도 끝없는 무상을 찾아 돌아다니는 산천 거리의 나그네인 필자의 안목도 현실에 머물러 있으나 오래도록 천착하던 역사의 남겨진 이야기들을 이번 책으로 또 한 번 엮어내게 되었다.
  삶이 무상이라고 하여도 주체적 힘을 가질 수 없던 과거의 여인들이 운명을 포기하지 않고 자신을 완성하고자 정진하였음을 안다면 조금이나마 힘을 얻을 수 있지 않을까. 아무쪼록 우리들의 삶이란 우리들이 해독할 수 있는 이상의 뜻을 품고 있음을 알고 불안한 변화의 시기를 살아내는 동시대인들에게 조금이나마 도움이 되기를 바라는 마음이다.

2010년 5월<br>신선이 노닐던 동네 삼선동에서

# 넘어선 여인들
## 예술로 시대의 한계를

예술로 시대의 한계를 넘어선 여인들

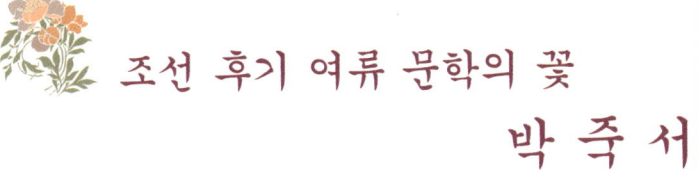

# 조선 후기 여류 문학의 꽃
# 박죽서

　조선 후기 한문학 담당층의 확대와 함께 주목할 만한 것은 여성들의 활발한 참여이다. 조선 시대 여성들의 지위는 미미하였고, 특히 한문학 활동에서의 제약은 노골적이었다. 널리 알려진 것처럼 여성들의 한문 습득은 정식으로 이루어지기보다는 어깨 너머로 이루어졌고, 이들의 뛰어난 한문 창작 능력은 사회적으로도 자랑스러운 일로 인정받지 못하였다. 여자가 글을 알게 되면 도리어 집안의 규범을 그르칠 염려가 있다 하여 가르치지 않는 것이 일반적인 관례였던 것이다. 이러한 시대적 상황 속에서도 박죽서朴竹西는 뛰어난 한시 작품을 남겨 여성의 재능과 감성을 아름답게 드러냈다.

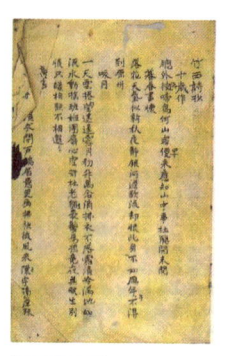
『죽서시집』.
국립중앙도서관 소장

박죽서는 원주原州 사람으로 금천부원군錦川府院君 박은朴訔의 후예인 박종언朴宗彦의 서녀庶女로 태어났다.

그녀는 이후 송호松湖 서기보徐箕輔의 소실小室로 들어간 이후 길지 않은 생애를 병으로 고생하면서 한시를 평생의 낙으로 삼았던 인물이다. 미모가 뛰어나고 침선에도 능하였다 하며, 안타깝게도 병약하여 30세 전후에 죽었다. 생몰년이 기록으로 남아 있는 것은 없으나 1817년(순조 17)에 태어나 1851년(철종 2)에 사망한 것으로 추정된다. 죽은 뒤 그의 시 166편을 수습하여 남편의 친척인 서돈보徐惇輔가 서문을 붙인 『죽서시집竹西詩集』을 간행하였다. 본관은 반남潘南, 호는 죽서竹西, 죽서식거竹西識居, 반아당半啞堂이다. 죽서는 그녀의 서재書齋 명칭이며, 반아당은 반벙어리였던 그녀를 겸칭한 호이다. 슬하에 자식은 없었다.

박죽서의 한시 창작은 일찍부터 시작되었는데, 그의 시집 첫머리에 이미 10살 때 지은 작품으로 전하는 오언시五言詩가 수록된 것을 보면 어렸을 때부터 평생 동안 꾸준히 창작에 전념했던 것으로 짐작된다. 그녀의 시문詩文은 솔직 담박하여 꾸밈이 없으며, 여성 특유의 서정성을 바탕으로 임에 대한 애타는 그리움과 기다리다 지친 규원閨怨을 섬세하게 묘사한 것이 특징이다.

　　어려서부터 총명함이 남달랐으며, 특히 암기력이 뛰어났다고 하는데 한번은 아버지가 공부하는 서책書册의 내용을 모두 암송하는 기염을 토하였다고 한다. 서돈보의 서문에 의하면 박죽서 역시 당대의 다른 여성들처럼 정식으로 글을 배운 것은 아니었다. 부친 옆에서 강습하는 것을 보면서 자연히 글을 깨우치게 되었는데, 매우 영오穎悟하고 책을 좋아해서 이후 성장해서는 『소학小學』, 『경사』를 비롯한 옛 작가들의 시문을 널리 읽었으며 소식蘇軾과 한유韓愈를 숭모하였다고 한다. 문집이라는 점을 감안하더라도 위의 기록은 박죽서의 탐서벽耽書癖과 함께 한시 창작의 생활화를 전해주는 것이라 하겠다.

　　박죽서의 한시는 문집이 간행될 당시에 이미 애상적 정조가 특징적인 부면으로 지적된 바 있다. 이러한 애상적 그리움의 대상으로 자주 등장하는 인물이 있는데 바로 김금원金錦園으로 그녀는 박죽서와 평생지기처럼 지낸 것으로 보인다. 두 사람은 동향이었으며 부실副室이라는 점에서 처지도 유사했고, 여기에 문학적인 취향까지 일치됨으로써 절친한 관계를 지속할 수 있었다. 김금원은 박죽서가 죽었을 때 그의 죽음을 애석해 하는 글을 쓰기도 하였으며 『죽서시집』 발문跋文에서

　　　〈만약 죽서와 내가 남자로 태어났다면 형제가 아니면 붕우朋友였을 것이다.〉

라고 표현할 정도였다.

『죽서시집』은 목활자본으로 오언절구 1수, 칠언절구 40수, 칠언율시 125수의 총 166수가 실려 있는데, 권차는 나누지 않았고 시대순으로 편집된 것으로 보인다.

이 중 처음에 실린 오언절구「십세작十世作」은 10세에 지은 것으로 박죽서에게 시에 대한 천부적 재질이 있음을 보여준다. 「기정寄呈」,「술회述懷」 등은 임을 그리워하는 간절한 마음을 표현한 것이며「우음偶吟」,「제석除夕」 등은 덧없는 세월을 한탄하며 여자로서 늙어가는 슬픔을 표현한 작품이다.「병중病中」에서도 임을 그리는 애틋한 심정을 잘 묘사하고 있으며,「추일기금원秋日寄錦園」 등 김금원과 창화唱和한 시도 몇 수 있다.「일日」,「월月」,「초월初月」,「운雲」 등은 시제가 특이하나 역시 섬세하고 감상적인 여심을 읊고 있고「견회遣懷」는 애끊는 이별의 슬픔을 잘 표현한 시로서 전체적으로 서정적인 진실성이 강하게 표현된 점에서 가치를 부여할 수 있다. 국립중앙도서관과 고려대학교 도서관에 소장되어 있다.

김금원은 시랑侍郎 김덕희金德熙의 소실로 남편 김덕희가 의주 부사로 나갔다가 한양으로 돌아왔기에 한양에서 지내게 되었는데, 그때 김금원이 거처한 곳이 바로 용산龍山에 있는 삼호정三湖亭이다. 이 삼호정은 자연스럽게 당대의 뛰어난 여성 시인들이 모여 시문을 주고받는 중심지가 되었고, 삼호정에서의 창작 모임은 당대 여항인閭巷人들 사이에서 유행하던 시사詩社의

김이양 묘소

성격을 띠었다. 이들이 삼호정에서 노니는 모습을 김금원이 『호동서락기湖東西洛記』에 기록하였는데 삼호정 시사의 분위기를 잘 보여준다.

〈때때로 읊조리며 쫓아서 수답하는 사람이 4명이다. 한 사람은 운초雲楚로 성천成川 사람이며 연천淵泉 김金 상서尚書(김이양金履陽)의 소실이다. 재주가 뛰어나 시로 크게 알려져 사람들이 끊임없이 찾아오는데 어떤 사람은 떠나지 않고 오래 머물러 이틀 밤씩 묵기도 한다. 한 사람은 경산瓊山으로 문화文化 사람이며 화사花史 이李 상서(이정신李鼎臣)의 소실이다. 많이 알고 박식하며 음영吟詠에 뛰어나다. 때마침 이웃에 살아 서로 찾는다. 한 사람은 죽서竹西로 동향 사람이며 송호松湖 서태수徐太守의 소실이다. 재기가 영명하고 지혜로워 하나를 들으면 열을 안다. 글로는 한유와 소동파蘇東坡(소식)를 사모하며 시 역시 기이하고 고아하다. 한 사람은 경춘鏡春으로 주천酒泉 홍태수의 소실이다. 총명하고 지혜

롭고 정숙할 뿐만 아니라 널리 경사에 통달하였다. 시사詩詞 역시 여러 사람에 뒤지지 않는다. 서로 어울려 쫓아 노는데 비단 같은 글 두루마리가 상 위에 가득하고 명언 가구名言佳句가 선반 위에 가득 차 있어 때때로 낭송하는데 낭랑하기가 쇠를 두드리고 옥을 부수는 것 같다.

有時吟哦從而唱酬者四人 一曰雲蕉 成川人 淵泉金尙書小室也
유시음아종이창수자사인 일왈운초 성천인 연천김상서소실야

才華超倫詩以大鳴源源來訪或留連信宿
재화초륜시이대명원원래방혹류연신숙

一曰瓊山文化人花史李尙書小室也多聞博識上於吟詠適因隣居相尋
일왈경산문화인화사이상서소실야다문박식상어음영적인린거상심

一曰竹西同鄕人松湖徐太守小室也才氣英慧聞
일왈죽서동향인송호서태수소실야재기영혜문

一知十文慕韓蘇詩亦奇古一卽吾弟鏡春
일지십문모한소시역기고일즉오제경춘

酒泉洪太守小室也聰慧端一博通經史詩詞亦
주천홍태수소실야총혜단일박통경사시사역

不多讓於諸人相與從遊而錦軸盈床珠唾滿架
불다양어제인상여종유이금축영상주타만가

有時朗讀琅琅如擲金碎玉
유시낭독낭랑여척금쇄옥〉

　운초, 경산, 죽서, 경춘 등은 김금원의 거소居所인 삼호정에서 자주 모여 시를 음영하면서 즐겼으며 왕성한 활동을 하였다. 문장뿐만 아니라 시에도 능하여 삼호정에서의 시회詩會는 많은 시를 짓고 이를 낭송하면서 흥겨운 분위기를 연출했던 것으로 보인다. 조선 후기에 발흥하는 시사詩社들의 기본적인 주조가 유흥적인 경향을 가지고 있었다면, 삼호정에서의 시회 또한 유흥적인 분위기에서 크게 벗어난 것은 아니었을 것이다. 더욱이 이들 여성들의 신분이 모두 기생 혹은 서녀 출신의 소실이었으므로 쉽게 동류의식을 가졌으리라고 짐작이 된다.

　주변의 이 같은 분위기에 힘입어 박죽서의 한시 창작은 일정한 추동력을 받았을 것으로, 서로의 입장을 이해하면서 창작에 몰두하는 그녀의 태도는 한시 창작 자체가 삶의 자연스러운 일부로 승화된 것으로 보인다. 그 입장을 가장 잘 이해해 준 사람들이 바로 이들 삼호정 시단詩壇의 구성원들이었으며, 그 가운데에서도 김금원은 더욱 친밀한 관계를 유지하였다. 김금원이 조금 연상이기는 하지만 앞서 밝혔듯 같은 원주 출신으로 서울에서 이웃에 거처하였고, 신분상 같은 조건을 가지고 있었다는 점이 큰 요인으로 작용하였다.

　19세기 한 남자의 소실로서 일생을 살아간 박죽서는 동시대 다른 여인들에 비해 상당수의 작품을 남기고 있다. 그의 한시는 여기저기 단편적으로 언급될 뿐 본격적인 조명을 받은 일은 없는데, 그것은 아마 허난설헌許蘭雪軒이나 이옥봉李玉峰 등과는 달리 박죽서의 한시가 특별한 문학적 기교라든가 문학사의 발전적 측면에 기여한 바가 없는 것처럼 보였기 때문일 것이다. 그러나 실제 박죽서의 작품은 오히려 어느 여성 시인들보다 훨씬 조선적인 특징을 가지고 있다. 가장 두드러지는 면은 바로 애상적 정서와 그리움의 세계를 시화詩化한 점이며, 이러한 정서는 기본적으로 사물에 대한 박죽서의 섬세한 감각을 전제로 한 것이라 보여진다. 더욱이 평생 가족이나 친구, 사랑하는 남편과의 이별을 자주 경험한 현실과 끊임없는 질병은 그를 더욱 섬약하고 애상적으로 만들었는데, 그의 시가 고적감에 가득 찬 처완悽惋함을 보여주는 원인이 여기에 있다고 하겠다. 천지에 자기 홀로 남아 있다는 외로움은 삶의 고비마다 경험하는 수많은 이별에 근거하는 것으로 박죽서의 시 속에 이별의 이미지나 그리움의 정서가 반복적으로 변주되는 원인은 바로 이러한 점 때문일 것이다.

 이 같은 현실 속에서도 그의 시집 후반부로 가면 사물에 대한 맑은 감성과 따뜻한 시선이 보여진다. 세상과 항상 어긋나기만 하는 자신의 삶을 한탄하는 단계가 극복되면서 박죽서는 자신만의 아름다운 공간을 만들기에 이른 것이다. 술과 시로 만들어지는 자족적인 공간이 그것으로 다분히 현실 도피적인 성향을 띠고 있지만, 현실과 대결할 수 있는 어떠한 여건도 갖추지 못한 박죽서에게는 그와 같은 공간이 도피처이면서 동시에 험난한 세상을 건너는 방도였다. 자신이 처한 현실을 받아들이면서 섬세한 감각으로 자신의 삶을 담담하게 시화한 박죽서의 창작 활동은 19세기 여성들의 시사詩史에서 특별한 위치를 점한다. 다른 사람과 명백하게 차이가 있는 창작 경향은 시 쓰기를 생활의 중요한 일부로 여긴 박죽서의 태도에서 비롯되었다 하겠다.

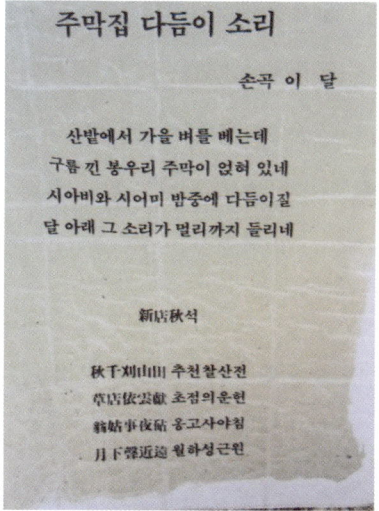

손곡 이달 시비, 강원도 원주시

원주에서는 많은 인물들이 배출되었는데 3대 시인으로 손꼽히는 손곡蓀谷 이달李達, 박죽서朴竹西, 김금원金錦園 등이 모두 서출庶出이라는데 야릇한 여운이 남는다. 고향을 그리워하는 사람들이 어찌 한 두 사람일까마는 서녀로 태어나 소실로 살고 그나마 짧은 생애를 병마에 시달리다가 시정詩情 속에 정한情恨을 다 펴지도 못한 채 한 많은 세상을 살다간 박죽서의 시 두 편을 통해 아직까지 알려지지 않았던 그녀의 시혼詩魂을 소개하며, 그녀의 통한痛恨에 다소나마 안위가 되었으면 한다.

### 暮春書懷 모춘서회

落花天氣似新秋 낙화천기사신추
夜靜銀河澹欲流 야정은하담욕류
却恨此身不如鴈 각한차신부여안
年年不得到原州 연년부득도원주

### 늦은 봄 그리운 심정을 쓰다

꽃이 진 날씨 초가을 같고
고요한 밤 은하수 맑게 흐를 듯
이 몸 기러기만도 못해
해마다 원주 땅 가지 못한다.

### 思故鄕 사고향

悵望鄕園日出東 창망향원일출동
山重水複夢難通 산중수복몽난통
樓頭杳杳高雲白 누두묘묘고운백
簾角迢迢落照紅 염각초초낙조홍
暗淚枕邊和細雨 암루침변화세우
悲歌天末寄長風 비가천말기장풍
吹蔥騎竹渾如昨 취총기죽혼여작

回憶翻成十載空 회억번성십재공

**고향을 그리며**

쓸쓸히 고향 바라보노라니 해 동쪽에서 떠오르는데
산과 물 겹겹이 가로막아 꿈에서도 가지 못하네.
누각 머리엔 아득히 높은 구름 하얗고
발 모퉁이엔 아득히 석양이 붉게 비추네.
남몰래 눈물짓는 베갯머리에 이슬비 소리 들려
임 그리는 슬픈 노래 하염없는 바람에 부친다.
파피리 불고 대나무 타던 일 온통 엊그제 같은데
돌이켜보니 문득 10년 세월이 훌쩍 날아갔네.

### 원주가 낳은 인물들

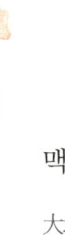

원주는 역사와 문화의 고장으로 선비 정신으로 이어지는 학맥의 고장이기도 하다. 오늘도 치악산과 섬강을 끼고도는 대지大地는 아침에 해가 뜨고 저녁에 해가 지는 자연의 섭리를 따라 어김없이 운행되고 있다. 원주는 신라 소경小京의 한 곳 북원경北原京으로 충청북도 중원中原, 전라북도 남원南原과 함께 사람 살기가 가장 좋은 곳이라고도 한다.

**원주 출신 여류 시인인 김금원**은 본인이 쓴 기행문 『호동서락

기』에서

〈천하의 강산은 크고 고금古今의 일월日月은 유구하다. 왔다가 가버린 수많은 사람들은 한 사람도 같은 사람이 없고, 형형색색의 생물들도 역시 같지 않다. 산은 한 곳을 근본으로 그 지맥支脈이 여러 갈래로 뻗어 마침내 천태만상이 되어 그 모양이 같은 것이 없고, 물은 본시 여러 곳에서 발원發源하여 마침내 바다에서 만나 하나가 되어 많은 물결이 일렁거려 천태만상을 연출한다. 사람이 세상에 태어날 때 모든 성품은 음양오행陰陽五行의 정精에서 얻어 만물 가운데서 가장 거룩하나 남자와 여자가 같지 아니하며 재기才器의 높고 낮음과 식량識量의 크고 작음이 같지 않고 수壽의 장단과 부富와 빈천貧賤도 같지 않다.〉

라고 하였다.

**중국 대륙을 품으려 한 연개소문**淵蓋蘇文 또한 원주 출신으로서 그는 『조선상고사朝鮮上古史』에서 원주와 관련되어 등장하는 첫 번째 인물이기도 하다. 단재丹齋 신채호申采浩가 소개한 중국에서 전해 내려오는 『갓쉰동전』의 주인공이 바로 연개소문이요, 당나라 때 나온 유명한 소설 『규염객전虬髥豕嫡』에서 주인공으로 나오는 규염객이 또 연개소문이라는 사실도 이미 학술적으로 밝혀진 바 있다. 이런 연개소문이 원주에서 성장하였다는 사실에 유념해야 한다.

연개소문은 고구려 말 혁명을 일으켜 고구려 제27대 영류왕

단재 신채호 글씨

연개소문 유적비, 경기도 강화군

營留王과 그의 부하 수백 명을 살해하고 그의 생질인 보장왕寶藏王을 앞세워 스스로 대막리지大莫離支라는 막강한 통수권자의 자리에 올라 당나라와 신라에 대항하였고, 심지어는 중국 대륙까지 자신의 통치 지역으로 삼고자 하였던 인물이다. 그는 고구려뿐만 아니라 동북아시아의 전쟁사에 있어 유일한 중심 역할을 하였던 효웅梟雄으로 고구려 서부의 세족世族이다. 그의 성이 연淵인 이유가 고구려 서부의 명칭이 '연부淵部'이기 때문임은 이미 널리 알려진 사실이다. 『삼국사기三國史記』에 성姓을 '천泉'이라 한 것은 당나라 사람들이 당 고조의 이름 '이연李淵'을 피해 '천泉'으로 대신한 것을 그대로 초역한 까닭이다.

당시 사대주의를 따르는 세력에 눌려 감히 중국의 정통 제왕들에 대해 공격하거나 비난조차 기피하던 시대에 연개소문은 당나라에 대적하여 이를 격멸하고 중국을 고구려의 부용附庸으로 만들려고 생각했던 인물이다.

또한 고려왕조 건국의 발상지는 원주 치악산을 중심으로 전개되었다. 양길梁吉, 궁예弓裔, 왕건王建 등은 치악산과 문막文幕의 건등산建登山을 무대로 활동하였다. 『여지도서輿地圖書』「원주목原州牧 산천조山川條」를 보면 관문 서쪽 40리에 있던 건등산에, 고려 태조太祖가 적을 토벌하고 개선하여 이 산에 올라 돌에 새겼고 이로 인하여 뒤에 사람들이 산의 이름으로 하였음을 알 수 있다. 또한 후백제의 견훤성甄萱城이 바로 건등산과 마주 보이는 산에 있었기 때문에 일대 혈전이 문막벌에서 벌어졌다는 기록이 『삼국사기』 열전에 소개되어 있다.

궁예는 신라 왕족으로 신라가 패망기에 접어들 때 왕실의 권모술수와 근친혼으로 야기된 왕위 쟁탈전의 희생으로 애꾸눈이 되었다. 세달사世達寺에서 유년시절을 보내게 되면서 법명法名까지 받아 선종善宗이라 했던 궁예는 양길, 왕건 등과 강원 왕국까지 성립시킬 만큼 막강한 세력 지배권을 황해도, 강원도, 경기도, 충청도까지 확장시킨 인물이다. 이 무렵 궁예의 송악松岳으로의 정도定都 실패와 그의 심해지는 횡포로 백성들의 신임을 잃게 되면서 왕건에 의하여 고려국 창건의 위업이 원주에서 시작되었다.

이외에도 충의忠義의 열사 관란觀瀾 원호元昊가 있다. 그는 생

원호 묘소, 강원도 원주시

육신生六臣의 한 사람으로 추앙되는데 본래 학문이 뛰어나 집현전集賢殿 직제학直提學을 지냈다. 그러나 수양首陽 대군(후일 세조世祖)의 위세가 날로 떨치자 고향인 원주로 돌아와 은거하다가 조선 제6대 왕 단종端宗이 영월寧越에서 죽자 영월로 가서 삼년상을 마친 충의의 표상이다. 1782년(정조 6)에 이조판서로 추증되어 칠봉서원七峰書院에 배향되었다.

무신인 원호는 1567년(명종 22)에 무과에 급제하여 1592년(선조 25) 임진왜란壬辰倭亂이 일어나자 강원도 조방장助防將으로서 패잔병과 의병을 규합하여 여주驪州 신륵사神勒寺에서 적을 크게 무찔렀다. 패주하는 적병을 구미포에서 섬멸한 공으로 여주 목사 겸 경기도와 강원도 방어사가 되었고, 김화金化에서 적의 복병을 맞아 싸우다가 전사하였다. 병조판서, 좌의정에 추증되어 김화 충장사忠壯祠와 원주 충렬사忠烈祠에서 제향하였다.

한백겸 묘소, 경기도 여주군

인조의 국구 한준겸 묘소, 경기도 시흥시

원주 출신의 대학자로 구암久庵 한백겸韓百謙과 유천柳川 한준겸韓浚謙 형제를 빼놓을 수 없다. 한백겸은 1552년(명종 7)생으로 1601년(선조 34) 형조정랑을 거쳐 청주淸州 목사, 강원도 안무사按撫使, 파주 목사 등을 역임하였다. 원래 역학易學에 밝아 선조宣祖 때 『주역전의周易傳義』의 교정을 맡아 보완하였으며, 『동국지리지東國地理志』를 저술하여 실학의 선구자 역할을 하였다. 저서로는 『기전고箕田考』, 『구암유고久庵遺稿』 등이 있다. 한준겸은 인열仁烈 왕후의 아버지로 조선 제16대 왕 인조仁祖의 장인이다. 생원과 별시 문과를 거쳐 1592년(선조 25)에 예조 정랑, 원주 목사를 거쳐 유성룡柳成龍의 종사관, 우승지, 경기도와 경상도 관찰사, 대사성 부제학을 거쳐 호조판서를 역임하였다.

이외에도 임경업林慶業 장군과 『명심보감明心寶鑑』의 편자로 알려진 노당露堂 추적秋適을 위시하여 우리나라 근세 외교관으로 『일동기유日東記遊』, 『수신사일기修信使日記』를 남겨 한일 외교사에 큰 족적을 남긴 부론면富論面 출신 김기수金綺秀, 의병장으로 순직한 민긍호閔肯鎬와 이은찬李殷瓚, 임시정부 법무위원을 역임한 언론인 한기악韓基岳 등은 원주 사람이거나 원주와 깊은 관계가 있는 사람들이다. 〈사死의 찬미讚美〉란 노래

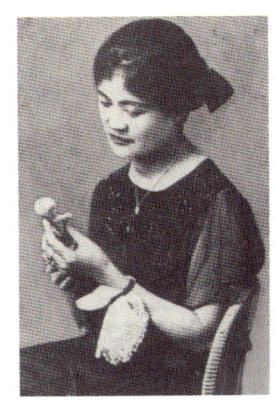

〈사의 찬미〉를 노래한 윤심덕

를 취입한 윤심덕尹心悳도 원주초등학교 교사로 재직한 인연이 있다.

원주가 배출한 인물 외에 원주에서 발생한 큰 사건으로 1885년(고종 22)의 민란民亂을 들 수 있을 것이다. 춘궁기를 맞이하여 환곡還穀 방출 문제와 환폐還弊 문제로 농민들 1천여 명이 북창北倉을 습격하였는데 민란은 곡창의 관리 책임자인 남성갑南聖甲이 곡식 7백여 가마를 부정한 방법으로 수탈한데서 비롯되었다. 무지한 농민들을 위해 생원 김택수金宅秀를 비롯한 원주 사족士族들이 합세하여 이들의 소장訴狀을 써 주며 억울한 농민들을 도와주었는데 관측으로부터 미움을 산 생원 김택수, 양반 이승려와 이재화, 유학幼學 송원억, 곽재린, 김사륜, 정해수, 이흥세, 원명규 등은 처벌을 받았다. 이로써 사건은 끝이 났지만 당시 시대적 상황에 비추어 이는 가히 혁명적인 사건이라 하겠다.

시인 김금원이

〈산은 한 곳을 근본으로 그 지맥이 여러 갈래로 뻗어 마침내 천태만상이 되어 그 모양이 같은 것이 없고, 물은 본시 여러 곳에서 발원하여 마침내 바다에서 만나 하나가 되어 많은 물결이 일렁거려 천태만상을 연출한다.〉

라고 말한 것 같이 원주는 산수山水의 고장으로 자연의 조화에 따라 영웅적 기질이 길러져 고고한 학자와 충절의 의사를 수 없이 길러내고 또한 한 서린 여인들의 시정詩情을 하염없이 풀어헤쳐 사무치는 그리움으로 아름답게 승화시킨 혼의 고장이기도 하다.

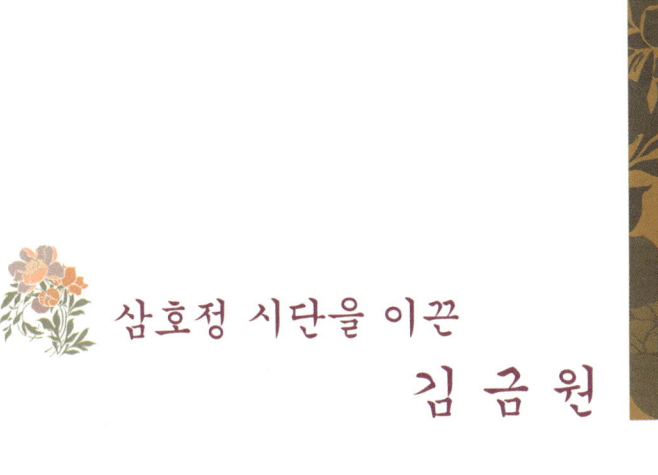

# 삼호정 시단을 이끈 김금원

김금원 또한 조선 후기의 대표적인 여류 시인으로서 어릴 적부터 문재가 출중했으며 성격은 호방한 편이었다. 이후 경사는 물론 명가名家의 시문을 두루 학습하여 시인으로서의 자질을 함양했다. 1817년(순조 17)생인 그녀는 기질이 담대하여 1830년(순조 30)에는 14세의 나이로 혼자서 제천堤川 의림지義林池, 금강산金剛山, 관동팔경關東八景, 설악산雪嶽山, 서울을 유람하였는데, 이는 국토에 대한 애착과 견문을 넓히는 좋은 계기가 되었을 뿐 아니라 작품 세계에도 적지 않은 영향을 미쳤다. 만폭동萬瀑洞이나 유점사榆岾寺의 수려한 경치를 묘사한 시는 아직도 전하고 있다.

유점사는 강원도 고성군 서면西面에 있는 절로서 통일신라 시대에 창건되었다. 전설에 의하면 인도에서 조상한 53불佛이 신룡神龍에 의해 월지국月支國을 경유하여 안창현 포구에 도착했는데, 그 고을 군수인 노춘盧偆이 발견하여 왕에게 고하고 창건하였다고 전한다. 특히 능인전能仁殿 안에는 느릅나무의 고목을 모방한 가지 위에 53개(현재 3개는 없어졌음)의 작은 구리 불상을 안치하였는데, 이 중 43개의 불상은 신라시대의 제작으로 기교가 매우 정연하다.

유점사라는 이름은 절에 느릅나무가 많았기에 불리게 된 이름이다. 특히 당시는 금동 석가여래입상, 금동 보살입상을 비롯하여 『용감수경龍龕手鏡』등 귀중한 유물이 있었다. 당시의 상황에서 장거리 여행은 남자들에게도 쉽지 않았고, 여성들이 살아 있는 문화적인 체험을 하는 일은 극히 희소한 일이었을 것이다. 여성들에게는 닫힌 사회에서 경험한 세상은 김금원에게 충격으로 다가와, 그녀 안에 그 시대의 아녀자들이 갖는 가치관과는 전혀 다른 세상을 만들어 놓았음이 분명하다.

조선은 여성들의 여행이 금기시 된 시대였기 때문에 남장을 하고 유람을 하였는데 오랜 설득 끝에 얻어

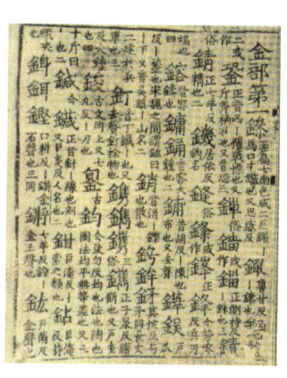

행균이 엮은 『용감수경』 목판본, 보물 제130호로 고려대학교 아세아문제연구소 소장.

낸 부모님의 허락이지만 딸의 독립적인 행동을 인정한 부모의 시각도 시대를 넘어선 것이었음이 분명하다. 또한 당대에 처녀의 몸으로 넓은 세상을 보기 위해 홀로 여행을 떠난 김금원의 영혼은 시대의 엄격한 규율과 분위기도 어찌지 못할 만큼 대범하고 자유로웠다고 하겠다.

한편 김금원은 유람을 하면서 자기 자신이 어떤 생각을 가진 존재인지 자각하고, 이후 규방으로 돌아가지 않았으며 기생이 되어 시기詩妓(시를 잘 짓는 기생)로 이름을 널리 알리고, 김덕희金德熙의 부실이 됨으로써 인생에 있어 새로운 전기를 마련하게 된다. 김금원의 본관이나 가계는 알 수 없으나 김덕희의 소실이라는 사실을 고려할 때 양반의 서녀였을 가능성이 높다.

남편 김덕희는 규장각奎章閣 학사學士를 지낸 문사文士로서 장래가 촉망되는 관인官人이기도 했다. 규장각은 1776년(정조 즉위) 설치된 왕실 도서관으로서 역대 국왕의 시문詩文, 친필의 서화書畵, 고명顧命, 유교遺敎, 선보璿譜 등을 관리하던 곳이다. 정조正祖가 규장각을 설치한 본래의 목적은 단순히 역대 국왕의 어제나 어필을 보관하려는 데만 있었던 것이 아니다. 당시 왕권을 위태롭게 하던 척리戚里나 환관宦官들의 음모와 횡포를 누르고, 학식이 높은 신하들을 모아 경사를 토론케 하여 정치의 득실이나 백성의 질고疾苦 등을 살피는 한편, 문교의 진흥과 당시의 타락 풍습을 순화시키려는 데 있었다. 또한 조선 후기에는 문운文運을 불러일으킨 중심 기관으로서 많은 책을 편찬하였으며, 교서관校書館을 외각外閣으로 편입시켜 경서經書와 사적史籍을 인쇄하고 반포케 하는 등 사회의 중심에서 문화를 비롯한 전반에 큰 영향을 미치는 곳이었다. 이런 곳의 학사를 지낸 이가 김덕희였으니 그는 자신의 소실 김금원의 가치관이나 작품 세계를 진정으로 이해하고 후원해 준 인물이었을 것이다.

『단양 한시선丹陽漢詩選』에 실린 김금원의 시 한 수를 감상해 보자.

### 仙巖 선암

春水挑源路自通 춘수도원로자통
逢人不復門西東 봉인불복문서동
往來從日迷花氣 왕래종일미화기
自在靑山錦繡中 자재청산금수중

### 신선이 되는 바위

봄 물따라 도원길이 절로 트이어
누굴 만나도 새삼스럽게 동서를 묻지 않네.
종일토록 오가며 꽃향기에 흘리어
푸른 산 비단 속에 마음대로 노니네.

운초 김부용 묘소, 충남 천안시

 한편 규장각은 1894년 갑오경장甲午更張으로 폐지되었고, 1910년 한일 병합 후 규장각의 장서藏書는 조선총독부가 접수하였으며 현재는 서울대학교 중앙도서관에 보관되어 있다.

 김금원은 1845년(헌종 11) 의주義州 부윤으로 부임하는 김덕희를 배행陪行하였고, 1847년(헌종 13)에는 다시 서울로 돌아왔다. 이후 남편의 거처인 용산의 삼호정에서 기거하며 시작詩作에 몰두하였는데 1850년(철종 1)에는 시집『호동서락기』를 탈고하는 한편 박죽서의 시집『죽서시집』의 발문을 지었다.

 김금원의 생애에 있어 가장 주목할 부분은 역시 삼호정 시단의 설립과 운영에 있다고 하겠다. 이는 당시 시대 상황을 감안하여 보면 문예에 조예가 깊었던 남편 김덕희의 지지와 후원이 있었기에 가능한 일이었다고 하겠다. 삼호정 시단에서 활동했던 대부분의 동인同人들은 기생 출신이거나 소실들이었는데 김운초는 김이양의 소실이며, 박죽서는 서기보의, 경산은 이정신의 소실이었다.

이정신은 훈련대장 이요헌李堯憲과 박준원朴準源의 딸 반남潘南 박씨 사이에서 태어나, 1827년(순조 27) 증광문과에 병과로 급제하여 홍문관 박사에 기용되었으며 1848년(헌종 14) 형조판서에 오르고 이듬해 헌종의 국상에는 산릉도감제조가 되어 국장 의절 일체를 관장하였다.

1850년(철종 1) 다시 경상도 관찰사를 역임하고 이어 공조판서에 임명되었다. 사람됨이 치밀하여 정무나 사사의 일을 처리함에 있어 차질이 없었으므로 국가의 어려운 일은 도맡아서 정리하며 왕의 신임을 받은 인물이다.

마지막으로 경춘은 김금원의 동생으로 홍주천洪柱天의 소실이었다. 김금원의 표현에 따르면 저마다 탁월한 재능을 지닌 일류 시인들이었으며, 삼호정 시단 활동 이후 김금원은 동인들과 더불어 활발하게 활동하는 가운데 주옥같은 작품을 발표하였다. 아마도 생을 마감할 때까지 여기서 시작에 전념했을 것으로 짐작되지만 사망 시기는 분명하지 않다.

이능화李能和가 『조선여속고朝鮮女俗考』에서 김금원을 특별히 다룬 이유도 여기에 있을 것이다. 김금원의 시문은 앞서 언급한 『호동서락기』에 수록되어 오늘에 전하고 있다.

『호동서락기』는 김금원이 호중湖中 4군과 관동 지방의 금강산 및 관동팔경, 관서 지방 중 특히 의주 그리고 한양 일대를 두루

유람하면서 보고 느낀 것을 시로 쓰고 모은 시집이다. 1850년 (철종 1)에 쓴 발문 「호동서락기」가 시집 명칭이 되었으며 편집은 이듬해에 하였는데, 서문 격으로 김원근金瑗根이 머리시를 쓰고 주를 달아 김금원의 약력을 소개하였다. 김금원은 「음사절吟四絶」의 머리 주에서 삼호정 동인들을 소개하였으며, 시의 특징 또한 기술하였다.

이 시집에는 '호락홍조湖洛鴻爪'라는 항목으로 「제천의림지堤川義林池」 외 10편과 금강산을 그린 시로 「유점사」 외 4편, 관서지방의 시로 「통군정관개시거화統軍亭觀開市擧火」 외 3편, 낙양의 시로 「용산삼호정龍山三湖亭」 외 6편이 실렸다.

김금원이 14세에 지은 「시유경성始遊京城」에서는 처음 서울에 와 본 감상을 적었는데,

〈내 고향 아니라 탓할 것 없으니, 부평초처럼 떠돌다 이르는 데가 고향이라.〉

하는 달관된 경지를 보여주고 있으며 대체로 유람한 자취를 남긴 기행시가 많다. 『호동서락기』는 신구현申龜鉉이 소장하고 있으며 『조선여속고』에는 「음사절」을 비롯하여 12편이 수록되어 있다.

삼호정 시단을 이끈 김금원 **37**

역사인식은 부족했던 계몽 시대의 사학자 이능화

『조선여속고』의 저자 이능화는 1869(고종 6) 태어난 조선 말기의 학자이다. 어려서 향리에서 한문을 수학하였고 20여 세에 아버지 이원긍李源兢을 따라 한양에 왔다. 그는 이때 격동하던 당시의 내외 정세를 파악하고 국제 문물을 접하기 위하여 프랑스어, 영어, 일어, 중국어 등 외국어 습득에 전력하였다.

1895년(고종 32) 관립한성법어학교官立漢城法語學校에 입학한 이능화는 남달리 성적이 뛰어나, 1897년 졸업 전에 우리나라 사람으로는 처음으로 프랑스어를 가르쳤다. 1906년(고종 43) 10월에는 관립한성법어학교 교장으로 임명되었으며, 이어서 1909년 법어학교, 영어학교, 일어학교 등이 통합되어 관립한성외국어학교 학제가 시행될 때 학감으로 취임하여 1910년(순종 3) 학교가 폐쇄될 때까지 프랑스어 교육을 통한 인재 양성에 주력하였다. 겸직으로 1902년(고종 39) 7월 칭경예식사무소稱慶禮式事務所를 맡았고, 1907년 3~4월에는 정부의 특명으로 일본의 관청을 시찰하고 왔으며, 이어 7월에는 국문연구소國文研究所 위원직을 맡아보았다.

그러나 이능화의 뇌리에서 사라지지 않았던 것은 신학문과 국학에의 정열이었다. 국권피탈을 당하자 1912년 따로 사립 보통학교를 만들어 교명을 자신의 이름과 부인 정인호鄭仁鎬의 이름에서 각각 '능能' 자와 '인仁'자을 따서 '능인能仁'이라 하고 3년 동안 교장으로 있었다.

오세창 묘비, 서울 아차산

그리고 국권피탈을 전후해 일기 시작한 불교계 계몽운동의 흐름을 타고 1915년 30본산 주지와 50여 명의 신도가 중심이 되어 서울 각황사覺皇寺에서 발족된 불교진흥회佛敎振興會의 산파 역할을 하였다. 젊은 승려들의 추대로 불교진흥회 간사에 취임하였으며, 1917년부터는 이사직을 맡아보았다. 그 동안《불교진흥회월보》,《불교계》,《조선불교총보》 등의 대중을 위한 불교 교양 잡지를 발간하여 불교 포교와 민족 문화 수호 운동의 핵심체로서 발족한 불교진흥회의 설립 목적을 수행하였다.

1922년에는 조선총독부가 조선사편찬위원회를 조직하여 위원의 한 사람으로 위촉하였을 때 이를 수락하여 15년 동안 『조선사朝鮮史』 편찬에 종사하는 한편, 종교를 비롯한 민족 문화 각 분야에 걸쳐 수집한 자료를 정리 연구하고 이를 후학에 전수하기 위해 원고를 집필하였다. 한국학 발전에 신기원을 이룩한 적지 않은 저서의 원고는 거의 다 이 무렵에 집필된 것이다.

또한 이능화는 1930년 한국학 연구를 위해 재한 일본인 학자들을 중심으로 청구학회靑丘學會가 발족되었을 때 평의원으로 추대되어 1939년 이 학회가 해산할 무렵까지 계속 관계를 맺었으며, 또 조선총독부 보물고적보존회의 위원으로 있으면서 민족 문화 보호에 관심을 표하기도 하였다. 이와 연관해 1931년 박승빈朴勝彬, 오세창吳世昌 등과 더불어 계몽 단체인 계명구락부啓明俱樂部를 설립하여 민족정신의 앙양에 앞장섰으며, 이 무렵 동국대학교의 전신인 중앙불교전문학교에서 조선 종교사를 강의하였다.

총독부에서의 『조선사』 편찬이 일단락된 1938년 이후에는 잠시 이왕직李王職에 나가기도 하였으며 1940년에는 친일 단체인 국민총력조선연맹 문화부 문화위원으로 활동하기도 하였다.

이능화는 분류사分類史를 중심으로 나름의 학문적인 세계를 개척했으나 전통적인 방법의 자료 수집과 정리에 치우치고, 친일 단체에서 활동하는 등 민족사에 대한 역사의식이 철저하지 못했다는 평을 받고 있다.

이능화는 칠순의 노경에 접어들어 칩거하던 중 자녀들의 권유로 상경하였다가 1943년 74세의 나이로 죽었다. 충청도 괴산 출신으로 자는 자현子賢이며 호는 간정侃亭, 상현尙玄, 무능 거사無能居士이다.

- 이능화의 관계 저술
  - 『조선불교통사朝鮮佛敎通史』는 1918년 자비로 출판한 책으로 이능화가 불교사 정리에 착수하여 한국 불교에 관한 일체 사료를 집대성하여 엮었으며 그의 학문적 업적 가운데에서 개척적인 명저의 하나로 꼽힌다.
  - 『조선사』는 국사학 분야에서는 1922년 12월 발족된 조선사편찬위원회에서, 그리고 그 뒤 1925년 6월 조선사편수회로 개칭된 기관에서 편찬에 참여하되 주로 제4편(광해군~경종)과 제6편(영조~갑오개혁)을 분담하였다.

이능화는 한국인 스스로의 한국사를 세우기 위하여 1923년 1월 8일 열린 제1회 위원회 석상에서 동료 이나바 이와키치(도엽암길稻葉岩吉)가

"신라 통일 시대의 조선은 현대의 조선과는 그 지역이 다르고 현대의 조선에서 본다면 발해는 한 지방에 국한되었던 명칭이다."

라고 발언하는 것을 듣고 한국사 체계에 발해사와 고구려사가 마땅히 함께 들어가야 함을 강력히 주창하였다. 그리고 단군신화는 조선의 민족정신을 발휘하

는 것이므로 반드시 수재收載하여야 한다고 주장한 바도 있어 친일 단체에서 활동한 것과는 별도로 뚜렷한 민족적 주체 의식이 있었음은 엿볼 수 있다.

- 전통문화 연구에 관한 저서로 『조선신교원유고朝鮮神敎源流考』, 『조선상제예속사朝鮮喪祭禮俗史』, 『조선유교지양명학朝鮮儒敎之陽明學』, 『이조시대경성시제李朝時代京城市制』 등을 남겼다. 또, 1923~1924년에 조선사학회에서 간행한 조선사 강좌 분류사 특별 강의에 『조선불교사』를 집필하였고, 1927년 『조선여속고』, 『조선해어화사朝鮮解語花史』, 『조선무속고朝鮮巫俗考』 등을 그리고 1928년 『조선기독교급외교사朝鮮基督敎及外交史』를 출간하였다. 또 『춘향전』을 한시漢詩로 풀이한 『춘몽록春夢錄』을 비롯하여 『조선유학급유학사상사朝鮮儒學及儒學思想史』, 『조선신화고朝鮮神話考』, 『조선십란록朝鮮十亂錄』, 『조선의약발달사』, 『조선사회사』, 『조선도교사朝鮮道敎史』 등을 저술하였다. 이들 유고는 1959년 동국대학교에서 영인, 간행한 바 있는 『조선도교사』를 제외하고는 모두 한국전쟁으로 사라져 버렸다.

이능화의 『조선해어화사』는 우리 사회에서 천류로 버림받아 온 기생을 주제로 하여 연정, 치정, 색정,

음행, 정렬貞烈, 시가詩歌 등 여러 부분에 걸쳐 그들의 생활상과 주변에 관한 자료를 집대성한 것으로 1927년 10월 출판되었다. 통혼, 가족, 수과守寡(과부로 수절함), 복장, 교육, 연중행사 등을 중심으로 정리한 『조선여속고』와 함께 우리나라 여성사의 선구적인 명저로서 『조선불교통사』와 함께 1968년 재판, 영인되었다. 『조선기독교급외교사』는 이능화 자신의 능통한 프랑스어로 달레(Dallet, C. C.)의 『조선교회사』를 이해한 뒤 조선 시대의 문적文籍을 주로 더듬어 기독교사의 체계를 이룩한 것으로, 이것 역시 이 분야 연구에 있어 선구적이라 할 수 있다.

『조선여속고』는 1927년 동양서원東洋書院에서 출간된 저서로 이능화가 이 책을 저술하게 된 동기가 있다. 그는 미국인 임락林樂의 『오주여속통고五洲女俗通考』에 〈조선의 여인들은 어린아이가 울면 고양이가 온다고 어른다. 아제협문왈묘내운兒啼脅文曰猫來云〉는 것 외에는 아무것도 적혀 있지 않자 임락의 무식을 탓하기 전에 우리나라의 여속 문헌이 없는 탓이라 하여, 그러한 문헌을 작성하기 위해 이 책을 쓴다고 서문에서 말하였다. 『오주여속통고』는 26장의 한문체로 구성되어 있으며, 저자가 우리나라 부녀에 관한 사항을 두루 살피고 다루려 하였음을 알 수 있다. 이능화는 조선조 이전의 사항은 문헌 자료를 통해, 개화기 이후의 것은 자신의 견문으로 정리하였다. 이 책은 우리나라 여성을 종합적으로 구명하려는 최초의 저술로서 의미를 갖고 있으나 단편적이고 개괄적인 사항을 나열한 채 여성 문화의 맥락을 체계 있게 다루지 못해 자료의 의의를 부각시키지 못하였음은 조금 아쉽다.

## 강물에 몸을 던진 비운의 시인

# 허난설헌

허난설헌의 본명은 허초희許楚姬로, 난설헌蘭雪軒은 그녀의 호이다. 본관은 양천陽川으로 대대로 문장을 떨친 집안이었다. 아버지 허엽許曄이 강릉 부사로 재직할 때 그곳에서 태어난 허초희는 『홍길동전』을 쓴 허균의 누나이기도 하다.

1563년(명종 18) 문장가 집안에서 태어나 성장한 허초희는 어깨너머로 글을 배워 일찍부터 재능을 인정받았고, 용모 또한 아름다워 귀여움을 독차지했다. 특히 8세 때 지은 「광한

허초희의 아버지 허엽 묘소, 경기도 용인시

전백옥루상량문廣寒殿白玉樓上梁文」은 그 내용이 뛰어나 신동이라는 말까지 들었다. 재능을 인정받은 허초희는 허씨 집안과 친분이 있던 당대의 시인 손곡 이달에게서 본격적인 수업을 받았다.

허초희는 15세가 되자 안동安東 김金씨 김성립金誠立과 혼인하였는데 다재다능했던 허초희의 불행은 결혼과 함께 닥쳐오기 시작한다. 벼슬이 없던 남편은 똑똑한 부인을 외면하고 집을 멀리했기에 결혼 생활은 극도로 고달팠고 시어머니와의 갈등도 심했다.

불행한 허초희는 슬픈 마음을 시로써 달랬으며, 갈등을 속으로 삭이지 못한 채 노골적으로 남편을 미워하기도 했다.

원컨대 이승에서 김성립을 이별하고
죽어서 길이 두목지杜牧之를 따르리라.

두목지는 이상은李商隱과 더불어 이두李杜로 불리던 중국의 뛰어난 시인으로 하루빨리 남편과 헤어지고 싶다는 시를 지을 정도로 부부의 사이는 좋지 못했다.

설상가상으로 불행은 안팎으로 닥쳐왔다. 사랑하던 아들과 딸을 연이어 잃은 데다 뱃속에 있던 아이까지 유산되어 그녀의 슬픔은 극에 달했다. 더욱이 친정집 또한 옥사가 끊이지 않았

다. 1580년(선조 13) 아버지 허엽과 오빠인 허봉(許篈)이 연이어 객사하자 허초희는 더 이상 살아갈 의욕을 상실하고 오로지 격한 슬픔을 시로 달래며 참았다. 급기야는 동생 허균마저 귀양을 가게 되자, 더 이상 슬픔을 참을 수 없었던 그녀는 스스로 강물에 몸을 던져 27세의 한창 나이로 세상을 마감하고 만다.

허초희에게 있어서 죽음은 오히려 피안이자 희망이었을 것이다. 전하는 213수의 시 가운데 속세를 떠나 신선이 되고 싶다는 내용이 128수나 될 정도로 그녀는 살아 있었지만 이미 이 세상 사람이 아니었다. 조선이라는 봉건사회가 짓누르는 구속, 억압 속에 재능을 마음껏 펼치지 못해 쌓인 불만, 남편과 시댁과의 불화, 주위의 학대와 질시, 거기에다가 친정집에 불어 닥친 참화는 그녀를 죽음의 벼랑으로 내몰았다.

허초희가 죽은 뒤 허균은 누이가 슬픔과 체념으로 누에가 실을 뽑듯 절절이 엮은 시들을 중국에서 『난설헌집』으로 간행하여 격찬을 받았다.

### 국경을 넘어 조선을 빛낸 천재 시인

1589년(선조 22) 3월 19일 꽃다운 나이에 요절한 누이 허초희의 재능을 애석히 여긴 동생 허균은 그 유고(遺稿)를 모아 『난설헌고』를 편집하고, 1년 후인 1590년 스승 유성룡의 발문도 받았다. 그러나 여러 가지 사정이 여의치 않아 초간본이 나온 것은 1608

년(선조 41)으로 허초희가 세상을 떠난 지 19년 후의 일이었다.

그 사이 허초희의 시는 헌신적인 허균의 노력에 의해 멀리 중국에까지 알려지게 되었다. 1579년(선조 12)은 정유왜란丁酉倭亂의 해로 일본군을 몰아내기 위해 명明나라 원군이 조선에 들어왔다. 이듬해 봄에는 명나라 시인 오명제吳明濟가 조선의 시문詩文을 모아 『조선시선朝鮮詩選』을 엮는 과정에서, 당시 중국의 장군들을 접대하는 관직인 경리經理 도감都監이었던 허성許筬과 병조 좌랑이었던 허균의 집에 오명제가 머물게 된 것이 허초희의 시가 중국에 알려지게 된 계기가 되었다.

또한 1606년 명나라 황실에 장손이 태어나자 정사正使 주지번朱之蕃과 부사副使 양유년梁有年이 조서詔書를 받들고 오게 되었는데 그들을 맞이하여 접대하는 부서의 종사관이었던 허균은 『난설헌고』 초고를 이들에게 보이고 서문을 써 줄 것을 청하였다. 이에 같은 해 4월 주지번은 소인小引을 지어 주었고, 양유년은 12월에 제사題辭를 지어 주자, 허균은 이에 자기의 발문을 붙여 1608년 4월 공주에서 『난설헌집』으로 출간하였던 것이다.

『난설헌집』은 1692년(숙종 18) 다시 간행되었으며 1711년(숙종 37)에는 일본으로도 건너가 분다이야 지로베이(문대옥차랑병위文臺屋次郎兵衛)에 의해 간행되었다. 그 후 1913년 활판으로 재간행되었다.

당시까지 조선인으로서 중국인의 서序와 제사題辭까지 넣어

격식을 갖추고 중국에서 시집이 발간된 적은 없었으며, 일본에서도 마찬가지였다. 일찍이 허균은

"누이의 시는 더욱 청장 준려淸壯峻麗하여 개원開元, 대력大曆 사이에는 중국 땅에 전파되어 높이 빼어났으니 신사紳士들이 서로 천거하면서 모두 그녀의 시를 감상했다."

고 하였다.

그런데 이처럼 일찍이 시문으로 조선을 빛낸 허초희의 위대성에 대하여, 지금껏 문학계에서는 그 이유는 알 수 없지만 지나치게 냉담했다. 그러나 당시 조선 학계를 대표하는 석학 유성룡의 발문과 중국의 최고 지성이었던 오명제, 주지번, 양유년의 서문과 제사의 내용을 읽어보면 허초희의 재능이란 조선은 물론 국경을 넘어서까지도 통용될 수 있는 탁월한 것이었음을 알게 된다.

〈말을 세우고 뜻을 창조함이 허공의 꽃이나 물속에 비친 달과 같아서 형철瑩澈 영롱하여 눈여겨 볼 수가 없고, 소리가 울리는 형옥과 황옥이 서로 부딪치는 것이오, 남달리 뛰어나기는 쑹산산嵩山山과 화산華山이 빼어남을 다투는 듯하다. 가을 부용芙蓉(연꽃)은 물 위에 넘실대고 봄 구름이 공중에 아롱진다. 높은 것으로는 한漢나라와 위魏나라의 제가諸家보다 뛰어나고, 그 나머지는 성당盛唐[2]의

---

2) 성당盛唐: 사당四唐의 둘째 시기로 713년(현종 2)에서 대종 때까지의 시기를 말한다. 당나라 시가 가장 융성하였던 때로 이백李白, 두보杜甫, 왕유王維, 맹호연孟浩然과 같은 위대한 시인이 나왔다.

것만 하고 그 사물을 보고 정감을 불러일으키며, 시절을 염려하고 풍속을 민망하게 함에 있어서는 열사의 기풍이 있다. 한 가지도 세상에 물든 자국이 없으니 백주柏舟, 동정東征이 오로지 옛날에만 아름다울 수 없다.〉

– 유성룡의 발문

〈이제 허씨의 『난설헌집』을 보아하니 티끌 밖에 나부끼고 빼어나면서도 화려하지 않으며, 부드러우면서도 뼈대가 뚜렷하다. 저 「유선사遊仙詞」 등 여러 작품은 오히려 당唐나라 시인에 들어가도 좋은 정도이다. 그녀의 본바탕은 저 쌍성雙成과 비경飛瓊의 무리에 버금한다. …(중략)… '백옥루가 한번 세워지자 난조鸞鳥가 전한 편지로 부르심을 받고, 끊어진 글줄과 쓰다 남은 먹이 모두 구슬과 옥이 되었다' 라는 글귀가 인간 세상에 떨어지니 길이 감상할 만하다.〉

– 주지번의 소인

〈이 『난설헌집』은 더욱 그 아름다움의 터전이 우뚝하므로, 장차 이를 명나라 시집에 덧붙여서 길이 만대에까지 유전하게 함은 그것은 역사가 손에 달린 일이다.〉

– 양유년의 제사

이처럼 탁월한 재능이 있었음에도 불구하고 허초희가 한국

허초희의 동생 허균 묘소, 경기도 용인시

한문학사에서 큰 주목을 받을 수 없었던 것은 첫째, 허초희의 시풍은 당시 唐詩에 속하여 있었으나 조선조 16세기 말에서 17세기에 이르기까지 사대부들 사이에서는 염낙풍濂洛風의 시가 성행을 하고 있었던 점, 다른 하나는 17세기 이후 주자학이 조선조에 완전히 정착되면서 여성의 역할이 현모양처로 고정된 점 그리고 허초희의 집안은 동인東人에 속해 있었으나 서인西人과 노론老論에 의한 정국이 오래 계속된 점, 마지막으로 중국에서 시집이 나온 사실에 대한 당시 사대부들의 은근한 질시와 동생 허균의 경박한 처세 등이 주옥같은 허초희의 시문을 세인의 관심 밖으로 내몰게 한 큰 이유로 보인다.

허초희에 대한 현대적 연구는 1930년대 이숭녕李崇寧 박사의 「허許 부인 난설헌」의 발표로 시작되어 허초희를 주제로 석사 학위와 박사 학위를 받은 사람도 10여 명이나 나왔고 문경현文暻鉉, 오해인吳海仁, 허경진 교수의 번역 시집도 나와 있다.

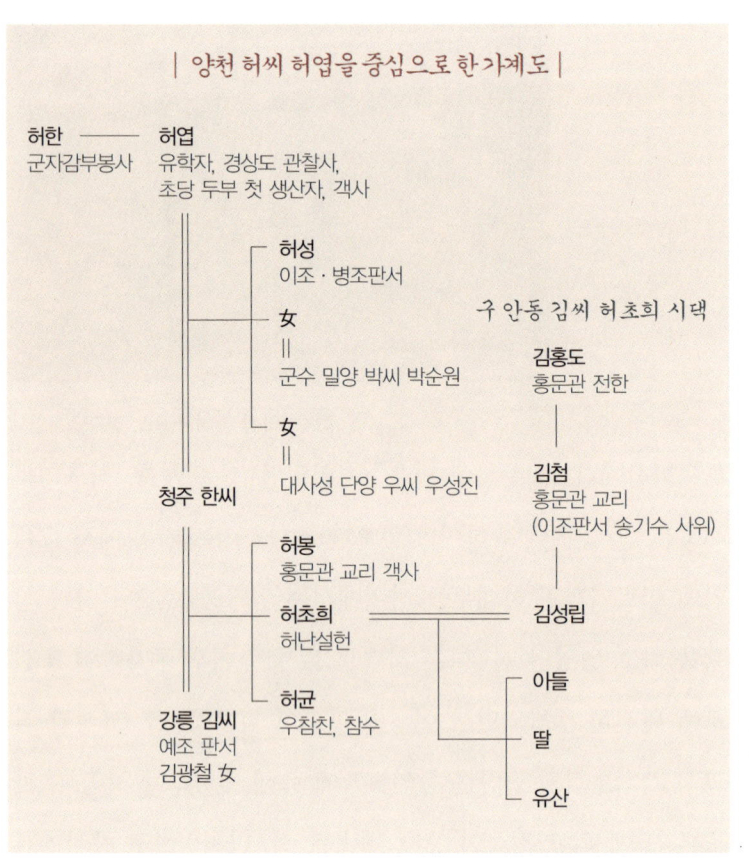

1978년에는 경기도 광주시 경화여자고등학교 교정에 난설헌 시비詩碑가 세워졌으며 1992년 5월 8일에는 강릉시여성단체협의회가 주관이 되어 허초희 시비가 강릉시 초당동草堂洞 100-2 솔숲 앞에 아담하게 세워졌다. 그 후 매년 강릉시여성협의회 주관으로 시비 앞에서 기념식과 헌다예獻茶禮가 시행되고 있다. 시비에는 〈꿈에 노닐던 광상산廣桑山의 노래〉 원문과 국역문이 새겨져 있다.

허난설헌에 대한 평가는 이제부터라고 할 수 있겠다. 허초희의 시에는 조선조라는 시대를 뛰어넘는 그 무엇이 있다. 현모양처라는 시대적 틀에 맞지 않는 사람이었기에 현원賢媛이란 애매모호한 평가를 받아온 난설헌. 한껏 높여서 조선의 여류 시인으로밖에 한국 문학사에서 설 수 없었던 난설헌은 그러나 시대를 뛰어넘어 동양 삼국에 그 탁월성을 인정받기에 충분한 천재적 시인임을 간과해서는 안 될 것이다.

### 허난설헌의 가정환경

조선이 낳은 천재 시인 허초희는 1563년(명종 18) 강릉 초당리草堂里(현 초당동)에서 허엽의 셋째 딸로 태어났다. 아버지 허엽은 조선조 기氣 철학을 대표하는 화담花潭 서경덕徐敬德의 제자로 일찍이 성균관 대사성, 대사간, 홍문관 부제학, 경주慶州 부윤, 경상도慶尙道 관찰사 등을 역임한 바 있는 당시 학계를 대표하는 유학자였다. 허엽은 첫 부인 청주淸州 한韓씨와 사별하고 예조판서 김광철金光轍의 딸 강릉江陵 김金씨와 재혼하였는데 허초희는 김씨 부인의 소생이다.

한씨 부인 소생으로는 이조·병조판서를 지낸 악록岳麓 허성과 밀양密陽 군수 박순원朴舜元에게 시집간 큰 언니, 대사성 우성전禹性傳에게 시집간 작은 언니가 있고, 김씨 부인 소생으로는 홍문관 교리를 지낸 하곡荷谷 허봉과 형조판서와 우참찬을 지낸

허초희의 오빠 허성 묘소, 경기도 용인시

교산 허균이 있다.

허성은 1568년(선조 1)에 생원시에 합격하고 1583년(선조 16) 문과에 급제한 이후 이조참판을 거쳐 이조판서를 역임하였다. 일찍이 전적으로 서장관이 되어 황윤길黃允吉, 김성일金誠一 등과 같이 일본에 다녀와 일본의 풍신수길豊臣秀吉(도요토미 히데요시)이 반드시 전란을 일으킬 것을 정사나 부사보다도 더 확실히 고하였다. 1592년 임진왜란 때는 이조 좌랑으로 자청하여 강원도 소모사召募使가 되어 이천伊川 분조分朝의 강관을 겸하고 군병 모집에도 힘썼다. 선조와 대비의 교서를 받았으므로 교서칠신의 일인이라 하였다. 허성은 또한 미암眉巖 유희춘柳希春으로부터 학문을 사사받았으며 천성이 정직하고 충효에 힘썼을 뿐 아니라 옳은 일은 끝까지 관철시켰고 문학뿐 아니라 성리학性理學(주자학朱子學)으로도 이름을 떨쳤다.

아버지와 아들딸 모두 문장에 뛰어나 오문장五文章의 집안이

라 불리었다. 이 사실은 허균이 지은 『성옹식소록惺翁識小錄』과 『선조수정실록』 권14의 기록에 의해서도 알 수 있다. 『난설헌집』 발문을 지어준 서애 유성룡이

"허씨 문중에 어찌 이리 기재奇才가 많은고."

허초희의 친오빠 허봉 묘소,
경기도 용인시

하며 감탄하였듯이 이러한 가족들의 문학에 대한 천부적 재질과 다정다감한 형제애 그리고 경포 호수와 동해를 옆에 끼고 해송이 있는 아름다운 초당 마을의 풍광이 허초희로 하여금 어려서부터 억제하기 힘든 시혼詩魂의 소유자로 만든 것이 아닐까.

## 행복했던 소녀 시절

허초희의 소녀 시절은 행복했다고 할 수 있다. 아버지 허엽은 허초희가 2살 때 경주 부윤이 되고, 5살 때 대사성, 6살 때는 명나라 진하사進賀使로 발탁되는 등 순조로운 벼슬길에 있었고, 초당리에서 얼마 멀지 않은 사천沙川 진리津里에 자리 잡은 외갓집 역시 강릉 김씨로 명망 있는 집안이었으므로, 별 어려움 없이 곱게 자랄 수 있었다.

허초희의 시 세계 형성에 크나큰 영향을 준 친오빠 허봉도 허

허초희 생가, 강원도 강릉시

초희가 10살 때인 1572년(선조 5) 대과에 합격하고 15살 때 교리校理가 되었는데, 이러한 오빠의 출세도 감수성이 예민했던 어린 허초희의 꿈을 한껏 부풀게 해 주었다고 할 수 있다.

그러나 이러한 물질적 여유보다도 어린 허초희가 천진무구한 꿈을 꾸게 해준 것은 아버지 허엽의 아들딸을 구별하지 않는 진취적인 가정교육에 있었다고 할 수 있다. 허엽은 여러 학자들과 토론하는 것을 즐겼고, 이러한 학문적 견문을 자녀들에게도 이야기해 주었다. 허초희보다 12살 연상인 허봉은 동생 허균과 허초희가 같이 삼당三唐시인의 한 사람인 손곡 이달에게 문학 수업을 받도록 해 주었으며 이로써 당 시문의 영향을 받게 되었다. 허초희는 자신의 시에서 오빠 허봉에 대한 각별한 정을 나타내고 있다.

허봉 역시 시를 잘하고 문장에 능해 저서를 많이 남겼는데 서사書史에 밝은 문장가로서 「이산잡술伊山雜述」, 「해동야언海東野

言」을 지었으며 저서로 『하곡집荷谷集』, 『하곡수어荷谷粹語』 등이 있다. 편서에는 『의례산주儀禮刪註』, 『북변기사北邊記事』 등이 전한다.

허초희가 성장기를 보낸 16세기 후반의 조선조 사회는 유학이 서서히 전국적으로 뿌리를 내리기 시작하는 시기였다. 유교는 기본적으로 천인합일天人合一에 근거를 둔 농경 사회를 지탱해 주는 사상이었기 때문에, 농사짓는데 기본적으로 필요한 대가족제와 가부장제가 필수적 요건이었으므로 남아를 선호하는 풍토가 조성되어 갔다.

따라서 여성의 사회적 지위는 여러 면에서 제약을 받게 되었고 삼강의 부위부강夫爲婦綱의 틀에 맞는 현모양처상이 여성들에게 부가된 인생의 목표가 되었다. 『삼강행실도』는 1435년에 간행된 이래 1백여 년 사이에 5번이나 간행 반포될 정도로 장려하던 책이다. 군위신강君爲臣綱, 부위자강父爲子綱, 부위부강夫爲婦綱은 충신, 효자와 열녀를 미덕으로 여기는 실천 윤리 강령으로서 특히 여성에게는 정절을 중시하는 현모양처 교육의 전범이 되었다.

이러한 시대 조류에도 불구하고 허씨 가문 사람들이 허초희에게 신부 교육과 거리가 먼 시문 교육을 허락했다는 것은 허초희의 인생에 큰 영향을 주었다고 할 수 있다. 아버지인 허엽이 이처럼 허초희를 자유롭게 키운 것은 허초희 자신의 영민함도 물론 큰 이유이기는 했지만 허엽의 인생관과 직결되어 있었다.

허엽은 담일청허湛一淸虛한 기氣를 우주의 본체 내지는 인간의 본성이라고 보는 스승 서경덕의 사상을 그대로 답습하고, 도가道家사상에도 심취하였다. 일기一氣를 중시하는 사람들은 만물과 내가 같은 근원이라는 평등주의로 나아가기 쉽다.

따라서 인간과 자연, 남자와 여자 등을 차별하지 아니하는 인생관을 지니기 쉬우므로 법도나 규율에 얽매이는 것을 좋아하지 아니하고 자유스러운 생활 태도를 지니는 경향이 많았다. 이러한 아버지의 영향 아래서 허초희는 자신의 자아를 키워 갔을 것임이 틀림없다.

허봉이 서얼 출신인 이달과 격의 없는 우정을 나눈 일이라든가, 허균이 후일 사회적으로 천대받던 서얼 출신들을 동지로 받아들였던 사실이 이를 증명한다고 하겠다.

초당에 쌓여 있는 1만 권의 책 가운데서도 『태평광기太平廣記』를 즐겨 읽고, 중국 초楚나라 번희樊姬를 사모하여 자신의 자字를 경번景樊이라고까지 했던 허초희의 독서열도, 화기애애한 형제애도 모두 이러한 가풍과 관계가 있었고 허초희는 자유스럽고도 행복한 소녀 시절을 보낼 수 있었다.

## 중국 소설의 보고 『태평광기太平廣記』

『태평광기』는 북송北宋 초에 이방李昉 등 12명이 왕명을 받아 엮은 설화집이다. 977년(태평흥국太平興國 2) 한림학사 이방이 대표가 되어 당나라 이전까지의 중국 각지에 퍼져 있던 설화, 소설, 전기, 야사 등을 채집하여 칙명勅命으로 엮은 전 5백 권의 전집으로 중국 소설의 보고라 불린다.

우리나라에는 고려 고종 때 한림학사翰林學士들이 지은 『한림별곡翰林別曲』에 『태평광기』가 언급된 것으로 보아 고려 중기에 수입되어 널리 읽혔음을 알 수 있으며, 이후 우리나라의 설화나 고소설 등의 소재로도 등장하였다. 조선 시대로 들어온 1462년(세조 8)에는 성임成任이 『태평광기』 안의 이야기를 순서에 따라 일부를 선정하여 50권으로 축소해 엮은 『태평광기상절太平廣記詳節』이 간행되었다. 이것은 뒤에 다른 이야기들과 합하여 편찬한 『태평통재太平通載』 80권 속에 실려 널리 유포되었다.

『태평광기』는 전집이기 때문에 6천9백여 종의 이야기가 유별로 실려 있는데, 그중 일부를 한글로 번역한 책이 『태평광기언해太平廣記諺解』이다. 언해諺解가 언제, 누구에 의해 이루어진 것인지는 밝혀져 있지 않으며, 현존하는 언해본은 두 종류로 모두 필사본이다. 그 하나는 전 5권으로 되어 있는 김일근金一根 소장본으로서 그중 제2권은 낙질落帙

이다. 이 언해본은 제1권만 1957년 11월에 통문관通文館에서 영인影印하여 출간한 바 있다. 『태평광기』에서 특별한 기준 없이 전반적으로 선정한 것을 언해하여 분권하였으므로 원전의 편제와는 다르다. 제2권의 낙질 분을 제외한 네 권에는 모두 106편의 이야기가 실려 있는데, 제2권을 다른 권과 비교해 보면 전체적으로 130여 개의 이야기를 수록한 것이 된다. 또 하나의 언해본은 전 9권의 낙선재본樂善齋本으로, 완질이 현존하며 총 268편의 이야기가 역시 유별이나 편차에 관계없이 양에 따라 분권하여 수록되었다. 이 언해본은 앞의 전 5권 본에 더해 추가한 것이다. 여기에는 5권 본의 제4권 끝부분과 제5권의 전체가 실려 있지 않고 다른 이야기를 이어 추가하고 있다. 5권 본이 전해오는 동안에 낙장 되고 산일된 것을 수습하여 싣고, 5권 본에 실리지 않은 원전의 일부를 언해하여 추가한 것으로 보인다. 이 두 언해본에 서로 겹친 것을 제외하면 전체 310여 종의 이야기가 언해된 것으로 『태평광기』의 약 20분의 1에 해당한다.

언해에 사용된 어휘와 표기를 보면 두 본 사이에는 약간의 차이가 있다. 몇 가지 예를 들면 '결레돌 → 겨레돌이', '동뎡 → 동경', 'ㅽㅐ예 → ㅅ대예', 'ㅂ더나노라 → ㅅ더나노라', '겨집돌과 → 겨집들과' 등으로 낙선재본이 후대에 변경된 사항을 표기한 것임을 알 수 있다. 그리고 사용된 어휘로 보아 최초의 언해는 조선 선조 이후 숙종 때까지의 시기에 이루어진 것으로 추정되므로 국어학 연구의 중요한 자료가 된다.

한편, 이 언해는 원문을 있는 그대로 충실히 직역한 것이 아니라 앞이나 뒷부분을 줄여 놓은 것이 있고 제목을 바꾼 것도 있으며, 인명만으로 된 제목에 '뎐(傳)'을 붙여놓은 것 등 국문학적으로도 매우 중요한 의미를 지닌다.

또, 낙선재본에는 『태평광기』 속의 이야기가 아닌 것을 10여 종이나 언해하여 함께 실어 놓았다. 여기에는 『전등신화剪燈新話』, 『전등여화剪燈餘話』 속의 이야기를 언해한 것도 있고, 우리나라 필사본 고소설인 『매화전』의 전반부에 해당하는 이야기도 「뉴방삼의뎐」이라는 제목으로 수록하였다. 어떤 것은 시대 배경을 홍무초洪武初, 대명초大明初, 원나라 지정간至正間 등으로 명기한 설화도 들어 있어서 창작 설화에 가까운 작품을 함께 싣고 있다. 이러한 것은 『태평광기언해』 속에 다른 작품을 혼입시켰다는 점에서 우리나라 언해문학 연구의 한 자료가 된다. 저본은 『태평광기』의 초판본인 송판宋板이 아니고 명나라 가정 연간에 출간된 명판明板으로 확인된다.

### 외로운 부인, 불행한 어머니

허초희는 14살 되던 해, 1살 위인 교리校理 김첨金瞻의 아들이며 홍문관 전한 김홍도金弘度의 손자인 김성립과 결혼을 하게 된다. 김성립의 아버지 김첨과 허봉이 호당湖堂의 동창이었고 또한 각별히 사이가 좋았으므로 혼담이 이루어진 것이다. 안동 김씨 집안인 시댁은 5대나 계속 문과에 급제한 문벌 있는 집안이었고, 시어머니 송宋씨 역시 당대 경학經學으로 유명한 이조판서 송기수宋麒壽의 딸이었다.

허초희의 시아버지 김첨의 묘비, 경기도 광주시

이처럼 좋은 가문 출신이었지만, 김성립 자신은 28세 되던 1589년에야 증광문과에 병과丙科로 급제하고, 관직이 정8품 홍문관 저작著作에 그친 것을 보면 그리 뛰어난 인물은 아닌 듯하다. 허균이 매부 김성립에 대하여 언급하고 있는 『성옹식소록』의 기록에 의하여도 이러한 사실을 어느 정도 알 수 있다.

〈세상의 문리文理는 부족해도 능히 문장을 지을 수 있는 사람이 있다. 나의 매부 김성립은 경사에 대하여 읽도록 하면 제대로 혀도 못 놀리지만, 과문科文은 아주 요점을 맞추어서 논책論策은 여러 번 높은 등수에 올랐다.〉

학자 집안에 태어나 남자 우선주의 교육을 받은 김성립이 자

유로운 가정환경에서 남녀 구별 없이 다정다감하게 자란 군계일학과 같은 뛰어난 허초희가 마음에 들기는 쉽지 않았던 듯하고 자신보다 재능이 뛰어난 아내라는 사실도 그에게는 수용하기 어려운 일이었던 것 같다. 그것은 아내의 예술 세계를 이해하는 데도 걸림돌이 되게 하였다. 남

허균이 지은 『학산초담』 중 『패림』권6의 일부, 조윤제趙潤齊 소장.

편은 물론이고 유교식 교육을 철저하게 받은 시어머니 역시도 며느리 허초희에게 원했던 것은 남편을 내조하고 아이들을 잘 기르며 집안을 일으켜 세우는 이른바 현모양처였던 것은 당연한 일이었다. 후일 남동생 허균은 허초희를 회상하며 『성소부부고惺所覆瓿藁』에서

〈돌아가신 나의 누님은 어질고 문장이 있었으나 시어머니에게 인정을 받지 못하였다. 또 두 아이를 잃었으므로 마침내 한을 품고 돌아 가셨다. 누님을 생각할 때마다 마음이 아파 마지않는다.〉

하였고 『학산초담鶴山樵談』에서는

〈오호라, 살아서는 부부 사이가 좋지 않더니 죽어서도 제사를 받들어 모실 아들 하나 없구나. 아름다운 구슬이 깨어졌으니 그 슬픔이 어찌 끝나리.〉

말하였다. 이처럼 부부 금슬도 좋지 않고 시어머니와의 관계도 원만치 않았던 허초희에게 설상가상으로 밀어닥친 불행은 사랑

하는 두 자녀를 차례로 잃은 일이었다. 그 충격으로 유산까지 하게 되는 등 불운이 연속되었다.

거기다 허초희를 애지중지하던 아버지 허엽은 허초희가 18세 되던 해 경상 감사 벼슬을 마치고 서울로 올라오던 중 상주 객관에서 돌아가셨고, 가장 믿고 따랐던 둘째 오빠 허봉 역시 허초희가 21세 되던 해 동인에 속한 학자들과 율곡 이이를 논하다가 죄를 얻어 갑산甲山으로 귀양을 갔다. 허봉은 풀려난 후에도 한양에는 들어갈 수 없어 백운산, 이천, 춘천 등지로 방랑하다가 1588년 금강산에 들어가기도 하였다. 그러다 본래 술을 좋아하여 득병한 것이 냉담冷痰이 되었고 마침내 금화군 생창역生昌驛에서 38세라는 젊은 나이로 객사하는 비운을 맞고 말았다.

허초희가 처했던 상황이 이와 같으니 허초희의 비통한 심정은 그 누구도 이해할 수 없었을 것이다.

결국 허봉이 죽고 1년이 지나 허초희가 27세 되던 해, 그녀는 마치 자신이 지은 시 「몽유광상산夢遊廣桑山」에 적힌 글귀를 증명이라도 하려는 듯, 활화산 같이 용솟음치는 시혼을 마음에 담은 채 자신이 그처럼 그리던 선계仙界를 향해 이 세상을 하직하였다.

### 활화산 같은 시혼의 소유자 허난설헌

현모양처가 되는 것이 여성의 삶의 목표인 시대에 현숙한 어머니와 어진 부인이 될 수 없었던 허초희에게 단 하나의 탈출구가 될 수 있었던 것은 활화산처럼 넘쳐흐르는 시혼의 분출이었다.

시대의 요구에 적응할 수 없었으며 그렇다고 현실을 박차고 나올 수는 없었기에, 참고 참아 가슴 속 깊이 쌓인 한恨을 뱉어낸 허초희의 시 세계에는 타오르는 정감情感의 불꽃을 더 이상 억제할 수 없는 차원까지 승화시킨 차라리 처절함마저 느끼게 하는 아름다움이 있다.

허초희의 시풍은 일찍이 오빠 허봉과 당시 삼당시인으로 유명했던 손곡 이달의 영향을 받아 형성된 것으로 주위의 사물을 매우 정감있게 묘사하고, 시어에 있어서도 평이하고 간결하면서도 자연스러운 점이 특징이었다. 어려서부터 시문에 천부적인 재질이 있어 8살 되던 해 「광한전백옥루상량문廣寒殿白玉樓上梁文」을 지어 여신동이라 불리운 허초희의 재능에 대해 허봉은 일찍이 『학산초담』에서

〈경번의 재주는 배워서 능히 할 수 있는 것이 아니다. 대체로 이태백李太白과 이장길李長吉이 남겨둔 글이라 할 만하다.

景樊之才不可學而能也 大都太白長吉之遺音也

경번지재불가학이능야 대도태백장길지유음야〉

라고 극찬하였다. 허봉 자신도 이태백을 좋아하여 갑산 귀양길에도 그 시집을 품에 넣어 간직할 정도였다. 이달은 서얼 출신

최경창 묘소, 경기도 파주시

이었으므로 같은 삼당시인이었던 최경창崔慶昌과 백광훈白光勳처럼 당대 8대 문장에 들지는 못했지만, 그 시문 실력에 있어서는 당대에 뛰어난 문장가였다.

따라서 천부적 재질과 감수성이 예민했던 허초희가 주정主情적인 당시唐詩의 영향을 받아, 또 초당의 아름다운 풍광에 투사시켜 정감화情感化하고 이에서 한걸음 더 나아가 현실에서 이루지 못한 여인의 한을 용솟음치는 시상에 맡겨 선계에 투영시킨 것은 너무나 자연스런 귀결이라고도 하겠다.

### 규원과 고독의 상처를 빼어난 시로 승화시키다

허초희의 묘는 경기도 광주시 초월면 지월리池月里에 있는데, 중부고속도로가 앞을 지나는 안동 김씨 묘역의 가장 아래에 위치하고 있다. 묘는 동호인들이 시비도 세우고 문중에서 주변도 정비해 넓게 자리 잡고 있긴 하지만 바로 아래에 고속도로가 있어 차 소리가 매우 시끄럽다.

  한 많은 생을 산 허초희의 묘는 근래에 정비한 듯 깨끗하고 아들딸의 묘도 그 옆에 있다. 봉분은 호석을 둥글게 둘렀으며 문신석과 근래에 세운 장명등, 망주석, 상석, 묘비가 보인다. 묘 왼쪽에 있는 아들딸의 묘는 마치 쌍분처럼 정다워 죽어서도 어린 자식을 지켜주는 어머니의 모정이 느껴져 눈시울이 뜨거워진다.

허초희 묘소, 경기도 광주시 지월리

김성립과 남양 홍씨 묘소

 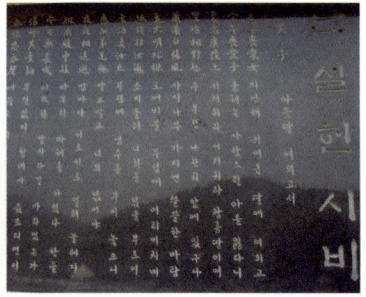

허난설헌 시비. 전면의 「몽유광상산」(좌)과 후면의 「곡자」(우)

    묘 오른쪽에는 동호인들이 세운 시비가 있는데 화강암의 사각형 기단 위에 오석으로 비신을 세우고, 옥개석은 산 모양의 자연석을 얹었다. 옥개석에는 '난설헌시비蘭雪軒詩碑'라 씌어 있고, 정면의 비신에는 자식을 잃은 어미의 슬픔을 노래한 시「곡자哭子」가 새겨져 있다. 허초희의 묘소 뒤쪽으로 남편인 김성립과 두 번째 부인 남양 홍씨가 함께 모셔져 있다. 세상을 달리한 두 아이들은 허초희에게 감당키 어려운 고뇌이자 원한이었다.

**哭子 곡자**

  去年喪愛女 거년상애녀

  今年喪愛子 금년상애자

  哀哀廣陵土 애애광릉토

  雙墳相對起 쌍분상대기

  蕭蕭白楊風 소소백양풍

  鬼火明松楸 귀화명송추

紙錢招汝魂 지전소여혼
玄酒奠汝丘 현주전여구
應知第兄魂 응지제형혼
夜夜相追遊 야야상추유
縱有服中孩 종유복중해
安可冀長成 안가기장성
浪吟黃臺詞 낭음황대사
血泣悲呑聲 혈읍비탄성

**아들딸을 여의고 슬피 울다**

지난해는 귀여운 딸을 여의고
올해는 사랑스런 아들을 잃었네.
서러워라 서러워라 광릉 땅이여
두 무덤 마주보고 나란히 서 있구나.
사시나무 가지엔 쓸쓸한 바람 불고
도깨비불 숲속에서 번쩍이는데
지전을 뿌려서 너의 혼을 부르고
너희들 무덤에 술 부어 제사를 지낸다.
아! 너희 남매 가엽고 외로운 혼은
밤마다 정답게 놀고 있으리.
이제 또다시 아기를 갖는다 해도

어찌 잘 자라길 바라겠는가.
부질없이 황대사를 읊조리나
애끊는 피눈물에 목이 메인다.


황대사는 당나라의 장회章懷 태자 이현李賢이 지은 악부시 「황대과사黃台瓜辭」를 가리킨다. 「황대과사」는 권력 다툼으로 인한 골육상쟁의 희생을 애도하며 지은 가사歌辭로 이현은 고종高宗과 측천무후則天武后의 아들로, 어머니의 전횡을 비판하다 황태자에서 폐위되고 결국 자살한 인물이다.

허초희가 이 시를 읊은 심정에서 자식을 먼저 떠나보낸 어머니의 슬픔과 불운, 원만하지 못하였던 가정생활의 고충 등을 읽을 수 있다. 허초희의 비 뒤편에는 삶의 의욕을 잃고 죽음을 예고한 절명시絶命詩가 있어 보는 사람의 마음을 슬프게 한다.

스승과 같았던 오빠 허봉이 지은 허초희의 딸 희윤의 묘비

**夢遊廣桑山 몽유광상산**

碧海浸瑤海 벽해침요해

靑鸞倚彩鸞 청란의채란

芙蓉三九朶 부용삼구타

紅墮月霜寒 홍타월상한

**꿈에 광상산에 노닐다**

푸른 바닷물이 구슬 바다에 스며들고

푸른 난새는 아롱진 난새에 기대었구나.

부용꽃 스물일곱 송이가 휘늘어져

붉은 빛 서리 찬 달 아래 떨어지네.

## 허난설헌의 위상과 문학

「몽유광상산」은 자신의 불행한 운명을 예감한 하강 이미지가 축을 이룬다. 부용꽃 스물일곱 송이가 붉게 떨어진다는 것은 자신의 생애를 예감한 것으로 선도 사상의 깊이를 극명하게 보여준다고 하겠다. 허초희는 27세의 나이로 요절했지만 현존하는 시 작품이 213수, 산문이 2편(규원가, 봉선화가)으로 그녀가 유언으로 자신의 작품을 "불에 태우라" 하였음을 감안할 때 동양 삼국에서 가장 으뜸인 여류 문인으로 부족함이 없다.

임상원任相元의 『교거쇄편郊居瑣篇』 권2에 보면 허초희가 시집가기 전에 동생 허균에게 시를 지도한 것을 알 수 있다.

글재주가 뛰어난 허균이 어릴 적에 일찍이 시를 써서 누나 허초희에게 보였다. 시의 내용 중에

〈여인이 흔들어 그네를 밀어 보낸다.

女娘撩亂送千時科體 여랑요난송천시과체〉

란 시구를 보고 허초희가 말하기를

"잘 지었다. 다만 한 구절이 잘못되었구나."

하였다. 허균이 어떤 어귀가 잘못되었는지 물으니 그녀는 곧 붓을 끌어 쓰며

〈문 앞에는 아직도 애간장을 태우는 사람이 있는데, 백마를 타고 황금 채찍을 하면서 가버렸다.

門前還有斷腸人白馬半拖黃金鞭 문전환유단장인 백마반타황금편〉

이라고 고쳐 주었다.

허초희의 시 세계는 그녀의 삶이 불행했으므로 한으로 점철되었고 거기서 얻어진 선도仙道로 꽃피기도 하였다. 한없이 밀려오는 설움과 좌절, 게다가 스승과도 같았던 오빠 허봉의 비극적인 삶에 대한 눈물겨운 정한까지 작품에 담고 있는 그녀의 고뇌는 인생무상 바로 그것이었다.

**寄荷谷 기하곡**

暗窓銀燭低 암창은촉저

流螢度高閣 유형도고각

深夜寒愼篇 초초심야한

蕭蕭秋葉落 소소추엽락

關河音信稀 관하음신희

端憂不可錫 단우불가석

遙想靑蓮宮 요상청련궁

山空蘿月白 산공라월백

**하곡(허봉)에게 부치다**

어두운 창가에는 촛불 나직이 흔들리고

반딧불은 높은 지붕을 날아 넘는구나.

고요 속에 깊은 밤은 추워 가는데

나뭇잎은 쓸쓸하게 떨어져 흩날리네.

산과 물이 가로막혀 소식도 뜸하니

오빠 생각이 시름을 풀어낼 수가 없네.

청련궁에 계신 오빠를 멀리서 그리워하니

텅 빈 산속 담쟁이 사이로 달빛만 밝아라.

「기하곡」은 허초희가 죽기 1년 전, 38세의 나이로 별세한 하곡 허봉을 그리워하며 읊은 것이다. 13세 위이던 작은 오빠 허봉은 허초희에게 당대 문단을 앞서 가던 스승과 같은 존재였다.

앞서서는 이이를 논하다 갑산으로 유배를 떠나는 허봉과의 헤어짐을 서러워하며「송하곡적갑산送荷谷謫甲山」을 지어

遠謫甲山客 원적갑산객

咸原行色忙 함원행색망

멀리로 귀양가는 갑산 나그네

함경도 길 가느라고 마음 더욱 바쁘겠네.

라고 노래한 바 있다.

깊고도 정밀한 상징성이 표출해 내는 비유가 실로 절묘한「염지봉선화가染指鳳仙花歌(손톱에 봉선화 물을 들이면서)」나 여인의 기다림과 고독감을 절절하게 시로 읊어 절창임을 확인시켜 준「야좌夜座」그리고 사랑을 갈구하는 여인의 수줍은 내면을 환상적인 이미지로 처리한 연꽃 따는 노래「채련곡采蓮曲」이 있다.

**采蓮曲 채련곡**

秋淨長湖碧玉流 추정장호벽옥류

荷花深處繫蘭舟 하화심처계란주

逢郞隔水投蓮子 봉랑격수투연자

遙被人知半日羞 요피인지반일수

### 연꽃 따며 부르는 노래

해맑은 가을 호수 옥처럼 새파란데
연꽃 우거진 곳에 목란 배를 매었네.
물 건너 임을 만나 연꽃 따 던지고
행여나 뉘 봤을까 한나절 부끄러웠네.

연꽃(만다라화)은 불가에서 높이 받드는 법신의 상징으로 불사, 즉 군자와도 통한다. 또한 연꽃은 우리나라 사찰 어느 곳에 가든 쉽게 볼 수 있다. 이 꽃은 진흙 속에 살지만 더러움에 물들지 않고, 맑은 물에 씻는다 해도 결코 요염하게 보이지 않고, 꽃대는 속을 비우고 줄기는 곧아 화통하지만 소신이 뚜렷하며, 덩굴져 있어도 엉킴이 없고 가지가 없어 의견의 나누어짐이 없고, 향기는 멀수록 맑아 꽃 가운데 으뜸으로 여겨진다.

　여기에서의 연꽃은 허초희의 신앙처럼 간절히 바라는 사랑의 의미망으로 확산되는 존재이다. 그녀의 의식 공간 속에는 항상 여성의 상징인 물과 꽃의 세계가 충만하고 있는데 「염지봉선화가染指鳳仙花歌」에도 꽃의 색상이나 장신구 또는 거울 앞에서 허초희의 자기애가 나타나고 있다.

### 染指鳳仙花歌 염지봉선화가

金盆夕露凝紅房 금분석로응홍방

佳人十指纖纖長 가인십지섬섬장
竹碾搗出捲菘葉 죽년도출권숭엽
燈前勤護雙鳴璫 등전근호쌍명당
粧樓曉起簾初捲 장루효기염초권
喜看火星抛鏡面 희간화성포경면
拾草疑飛紅蛺蝶 습초의비홍협접
彈箏驚落桃花片 탄쟁경락도화편
徐勻粉頰整羅鬟 서균분협정라환
湘竹臨江淚血斑 상죽임강누혈반
時把彩毫描却月 시파채호묘각월
只疑紅雨過春山 지의홍우과춘산

**봉선화로 손가락을 물들이다**

금분에 저녁 이슬 각시 방에 서리니
미인의 열 손가락 예쁘고도 매끈해.
대 절구에 짓찧어 장다리 잎으로 말아
귀고리 울리며 등잔 앞에서 동여맸네.
새벽에 일어나 발을 걷다가 보아하니
반가와라 붉은 별이 거울에 비치누나.
풀잎을 뜯을 때는 호랑나비 날아온 듯
가야금 탈 때는 복사꽃잎 떨어진 듯

토닥토닥 분 바르고 큰머리 만지자니
소상반죽 피눈물의 자국인 듯 고와라.
이따금 붓을 쥐고 초승달 그리다 보면
붉은 빗방울이 눈썹에 스치는가 싶네.

허미자許米子는 「허난설헌 시 연구」에서 봉선화에 물든 허초희의 자기애는 〈금분, 귀고리, 거울, 꽃, 피눈물에 절대적으로 확충되어 있다〉고 풀이하였다. 또한 그녀에게 있어 돌아오지 않는 임에 대한 절대적인 지향을 비상의 이미지를 통해 해소하려는 것을 알 수 있다.

한편 「기기부강사독서寄其夫江舍讀書」나 자신이 비상의 주체가 되며 살아온 날들에 대한 그리움이 담겨 있는 「추천사鞦韆詞」는 강릉의 단오제와도 무관치 않으며

〈매미 날개 같은 적삼에 땀이 촉촉이 배어
 떨군 비녀 주어 달라는 말도 잊었네.〉

는 여성적이며 섬세함이 돋보이는 절창이다.

**寄其夫江舍讀書 기기부강사독서**
燕掠斜簷兩兩飛 연략사첨양양비
落花擾亂撲羅衣 낙화요란박나의
洞房極目傷春意 동방극목상춘의

草綠江南人未歸 초록강남인미귀

**집을 버리고 강남에서 공부하는 지아비에게 부치다**
제비는 처마 비스듬히 짝지어 날고
지는 꽃은 요란스럽게 비단 옷 위를 스치누나.
규방에서 기다리는 마음 아프기만 한데
풀은 푸르러져도 강남에 가신 임은 여지껏 돌아오지 않네.

허초희는 그의 시편을 통해 솟구치는 정한과 남편에 대한 야속한 원망, 가정적 불행에 의한 좌절과 자녀의 죽음에 대한 단장斷腸의 슬픔에서 오는 한과 선가 사상을 선계를 통해 아우르려 노력하였다. 한편 모성에서 비롯한 눈물과 헌신을 이별과 기다림의 내면 공간 속에서 구체화시켰는데 다음의 시는 이것이 표현된 시 「효최국보체效崔國輔體」이다.

허초희 초상

**效崔國輔體 효최국보체**
妾有黃金釵 첩유황금채
嫁時爲首飾 가시위수식

今日贈君行 금일증군행
千里長相憶 천리장상억

**최국보의 체를 본받다**

이 몸이 지니온 황금 비녀는
시집올 때 꾸미개로 꽂고 온 거죠.
길 떠나는 오늘날 임께 드리니
천리라 멀다 말고 그려 주옵소서.

『패림稗林』에는 허초희에 관계된 기록이 전하는데 이를 보면 그녀의 뛰어난 몽상과 선지력을 느낄 수 있다.

허초희가 일찍이 월황月皇이 운을 부르며 시를 지으라 하므로

〈아리따운 연꽃 스물일곱 송이

분홍 꽃 떨어지고 서릿발은 싸늘하다.〉

하였고, 꿈에서 깨어난 뒤 그 정경이 자세히 상상이 되므로 「몽유기夢遊記」를 지었다.

〈그 뒤에 그녀의 나이 27세에 아무런 병도 없었는데, 어느 날 갑자기 몸을 씻고 옷을 갈아입고서 집안사람들에게 금년이 바로 3.9의 수(3×9=27을 뜻함)에 해당되니, 오늘 연꽃이 서리에 맞아 붉게 되었다 하고는 유연이 눈을 감았다.〉

이 시는 허난설헌의 문집에 들어 있다.

경기도 용인시에 조성된 양천 허씨 가족 묘역 입구에는 당시 애절했던 허초희의 사연을 쏟아낸 시비가 있다.

盈盈窓下蘭 영영창하란
枝葉何芬芳 지엽하분방
西風一披拂 서풍일피불
零落悲秋霜 영락비추상
秀色縱凋悴 수색종조췌
淸香終不死 청향종불사
感物傷我心 감물상아심
涕淚沾衣袂 체루첨의메

하늘대는 창가의 난초 잎들은
어쩌면 저다지도 향기로울까.
서풍이 불어오면
슬프게도 가을 찬 서리 맞아 시들었구나.
빼어났던 그 자태는 시들었지만
맑은 향기 오래도록 남아있구나.
그 모습 보노라니 나의 맘 아파
흐르는 눈물에 소매가 젖는다.

엄격한 형식적 삶이 중요시되었던 조선의 유교적 가부장 사회에서 여성에겐 모름지기 인내와 체념만이 강조되었다. 이 같은 여건에서 시문의 교육을 자유로이 받으며 인간의 감성과 개성적 삶에 눈을 떴다는 것 자체가 허초희에게 닥친 비운의 시초가 되었다.

다행히도 그녀의 문재는 명나라 사신 주지번이 중국에서 『난설헌집』을 간행하면서 쓴 글에서 그 재능이 입증된다.

〈나는 조선에 사신으로 가서 허균을 만났는데 그가 가문의 자랑이라 하며 내놓은 원고 목록을 본즉 그 가운데 『난설헌집』이 있었다. 허許 부정副正(허균)의 말로는 이 시는 죽은 자기 누님의 작품이라 했는데 내용을 보니 지금까지 보지 못하던 주옥같은 글들이어서 허 부정 가문의 문필에 새삼 놀랐다. 허초희의 시는 전무후무한 걸

 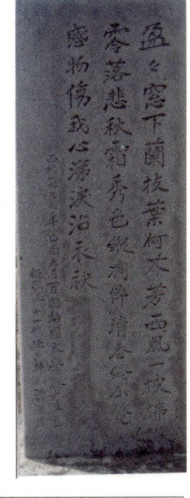

경기도 용인시에 있는 허초희 시비 전면(좌)과 후면(우)

작이므로 자황명대아류전만엽者皇明大雅流傳萬葉에 채록하는 것이다.〉

하였다.

허초희는 서당西堂 김성립의 아내가 되어 뛰어난 재주와 기품을 세상에 밝혀 드러내보지 못하고 좌절과 소외, 고통 속에서 한 많은 삶을 살았다. 그녀는 태어난 자신의 처지를 원망했으며 몽매한 사회 현실을 한탄한 역사의식을 지닌 인물이었기에 허균은 『성소부부고』의 「훼벽사병서毀璧辭幷序」에서 선천적인 천재성을 지녔으나 불행하게 요절한 누이에 대한 애통함을 기록하였다.

### 전해지는 유일한 작품『난설헌집』

허초희의 작품은 상당히 많았던 것으로 알려졌으나 임종 때 그의 유언에 의하여 모두 소각되었다. 다행히 동생 허균이 친정에 보관되었던 작품들을 편집하여 출간된 것이『난설헌집』이며 『열조시집列朝詩集』,『명시종明詩綜』등에도 작품이 수록되었다.

우리나라에서 간행된 초판본은 중국에서 간행된『난설헌집』과 같은 해인 1608년 경진庚辰 활자로 인쇄한 개주갑인자본改鑄甲寅字本이 있으나 희귀본이다. 그 뒤 1692년(숙종 18) 동래부東萊府에서 중간한 중간본이 있는데 이 중간본은 일본에 건너가 인기를 끌었고, 1711년(숙종 37)에는 일본에서 분다이야(문태옥차낭文

台屋次郞)에 의하여 간행되기도 하였다. 현재 통용되는 문집은 동래부의 중간본인『난설헌집』이 대부분이며, 일제강점기에『소설헌집小雪軒集』과 합책하여 간행된『난설헌집』이 있다.

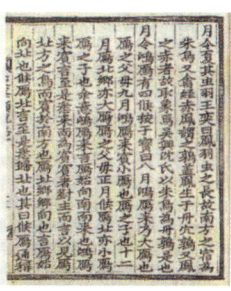

이수광이 지은『지봉유설』, 국립중앙도서관 소장.

『난설헌집』에 수록된 작품은 시가 총 210수이고 그 외 사辭 1수,「몽유광상산시서」1편,「광한전백옥루상량문」1편으로 이루어져 있으며 여기에 주지번의 서문, 양유년의 난설헌집 제사가 부록으로 있다. 또한 문집에는 수록되어 있지 않으나 허초희의 작품으로 알려져 있는 것으로『지봉유설芝峰類說』의「독서강사讀書江舍」와「채련곡采蓮曲」이라는 칠언절구 2수,『동양여시선東洋女詩選』에「빈녀음貧女吟」이라는 오언절구 1수가 실려 있다.

또 가사「규원가閨怨歌」1편이 송계연월옹松桂烟月翁의『고금가곡古今歌曲』에,「봉선화가鳳仙花歌」1편이『정일당 잡지貞一堂雜識』에 보이고 있다. 1972년 문경현文暻鉉 편역주의『허난설헌 전집』은 1692년의 동래부 중간본을 대본으로 하면서 문집에 빠져 있던 이상의 작품들을 모두 보충하였고, 여기에 유성룡의 발문을『서애집西厓集』에서 첨가하여 수록하였다.

그런데『난설헌집』에 기재되어 있는 작품들이 실제로 모두 그의 소작인지에 대해서는 의문을 표시한 사람이 많다. 첫째는

김만중 초상

허적 초상

이들이 중국시의 표절이라는 주장이다. 신흠申欽은

"『난설헌집』에 실려 있는 작품 중 「유선시遊仙詩」같은 것은 태반이 옛 사람의 시이며, 일찍이 그의 근체시 두 편을 보았는데 이것은 고인의 시에서 나온 것이다."

라고 비판하였다. 둘째로는 『난설헌집』에 중국 시인의 작품이 유입되어 있다는 설이다. 김만중金萬重은

"허균이 누이의 명성을 높이기 위하여 남들이 잘 모르는 원나라와 명나라 시인의 아름다운 시구를 집어넣었다."

고 한탄하였다. 셋째는 허균의 위작설이다. 이수광李晬光은

"참의參議 홍경신洪慶臣과 정랑正郎 허적許積은 모두 허난설

경기도 양주시에 있는 이수광 묘소

헌과 일가인데 그들이 허난설헌의 시는 2, 3편 이외에는 모두 위작이라고 항상 말한 바 있다."

고 주장하였다. 그리고 「광한전백옥루상량문」도 역시 허균과 이재영李再榮이 편찬한 것이라고 말하고 있다.

그러나 허초희의 문집은 허균에 의하여 간행된 것이 아니고 중국의 시인이 출간한 것이므로 만약 중국의 시를 모방한 것이나 중국의 시인이 발표한 것과 같은 작품이 있었다면 당시 이미 문제가 되었거나 삭제되었을 것이다. 허초희의 작품이 기구나 시재詩材에 있어 중국 시와 비슷한 점을 많이 가지고 있는 것은 사실이나, 작가가 동일 소재를 변형하여 재창조한 과정은 오히려 허초희의 작가적 능력을 재확인 시켜주는 자료가 된다.

또한 허균의 위작설은 그의 사람됨이 그러한 일을 능히 할 수 있는 사람이나, 두 사람 시의 풍격이 다르기 때문에 이것은 어느 정도 구분이 가능한 것으로 보인다. 남용익南龍翼도

"허난설헌의 시격은 허봉보다도 높아 허균이 미치지 못한다."

고 말한 바 있다.

허초희의 시들은 당시唐詩를 변형하여 재창작한 것이 많음은 분명하다. 허초희는 특히 이백李白의 시를 좋아했는데 그중에서도 그의 악부시樂府詩를 소재로 한 의고적인 시를 대부분 변형하여 창작하고 있다. 예로 「소년행少年行」, 「장간행長干行」, 「대제곡

大堤曲」, 「강남곡江南曲」, 「축성원築城怨」, 「출새곡出塞曲」, 「입새곡入塞曲」, 「상봉행相逢行」, 「죽지사竹枝詞」, 「고적사」 등은 한漢과 위魏나라 대에 유행하던 악부시들인데 당대에 다시 의작된 것으로 허초희도 이것을 시의, 관점, 격조를 변형시켜 새로이 작품화한 것들이다.

둘째는 규원閨怨을 읊은 시이다. 허초희는 결혼 초에 공부하는 남편 김성립과 떨어져 살아야 했을 뿐 아니라 금실도 좋지 못했고, 시집 식구의 사랑도 받지 못했다. 거기에 더해 두 자녀마저 연차로 잃었다. 「강사독서江舍讀書」, 「규원閨怨」, 「감우感遇」, 「춘일유회春日有懷」, 「추한秋恨」, 「야좌夜坐」 등은 이렇게 불행하던 허초희의 생활을 적나라하게 보여준다.

셋째로 육친에 대한 뜨거운 정을 읊은 시이다. 「곡자哭子」, 「기하곡寄荷谷」, 「송하곡적갑산送荷谷謫甲山」 등이 이에 속하는데, 사랑하는 자녀를 잃고 몸부림치는 모성을 그린 「곡자」는 가장 많이 인구에 회자되어 온 시이다. 허초희는 여섯 남매 중 특히 동복인 허봉, 허균과 우애가 깊었는데 『난설헌집』에는 허봉에게 부치는 시가 두 편 실려 있다. 「기하곡」은 멀리 산사에 있는 오빠 허봉에 대한 간절한 그리움의 정을 읊었고, 「송하곡적갑산」은 갑산으로 귀양을 떠나는 허봉을 한나라의 현신 가의賈誼에 비하면서 조정에 대한 측면적 공격을 암시하였다.

넷째로 「유선사遊仙詞」 87수와 「보허사步虛詞」, 「망선요望仙

謠」,「상현요湘絃謠」,「동선요洞仙謠」,「광한전백옥루상량문」,「몽유광상산시서」처럼 가혹한 현실로부터 초탈하여 선경의 이상향을 그린 선시들이다. 이들 작품들은 대부분 허초희가 자신의 불행한 결혼 생활과 함께 가장 사랑하는 오빠 허봉이 계미삼찬癸未三竄[1]으로 귀양 간 지 5년 만에 객사하는 등의 충격과 슬픔을 겪어야 했던 말년의 현실도피적인 작품들로 보인다.

신선 사상은 허초희의 유일한 사상적 배경으로 나타나는데, 이것은 도교를 가학家學이라 할 만큼 조예가 깊었던 친정의 영향을 받은 것으로 보인다. 이 선시는 허초희 작품의 대부분을 차지하는데, 「몽유광상산시서」는 허초희가 죽기 전에 마지막 꿈속에서 본 십주十洲 전경 중 제일 아름다운 선계에서 선녀의 황홀한 인도를 받아 노닐던 광상산의 선경을 묘사한 것이다. 그리고 허초희가 7살 때에 지은 것이라는 「광한전백옥루상량문」은 옥황상제가 살고 있는 궁전 중에서 가장 장려한 백옥루의 상량문으로, 이 문장 가운데에는 유명한 신선과 시선 이백 그리고 「광한전백옥루상량문」을 짓게 하기 위해 상제의 사자가 데려갔다는 이장길李長吉을 등장시키고 있다.

그러나 허초희는 현실을 완전히 초월할 수 있는 영역으로서

---

1) 계미삼찬癸未三竄: 1583년(선조 16)에 율곡 이이를 비난하고 공격한 송응개, 박근원, 허봉을 각각 회령, 강계, 종성으로 귀양 보낸 일. 삼찬三竄이라고도 한다.

선계仙界를 묘사하지 않았으며 그곳에도 결혼이 있고 실망, 질투, 불면 그리고 외로움과 기다림이 있는 등 현실과 연관된 세계를 그리고 있는 점은 특기할 만하다.

## 다섯 문장가의 시 문학

앞서 밝혔듯 허난설헌의 아버지를 비롯하여 아들딸들의 문장이 모두 뛰어나 오문장이라 불리었다. 간략하게나마 허許씨 오문장五文章 중 초당 허엽과 최초의 국문소설을 발표한 교산 허균의 생애와 문학 사상을 소개해 보고자 한다.

### ∵ 강직하나 포용력은 부족했던 허엽

난설헌의 아버지 허엽은 고려 원종元宗과 충렬왕忠烈王 때의 재상으로 청렴하기로 이름난 문경공文敬公 허공許珙의 후손이며 선조 때의 군자감 부봉사 허한許澣의 아들이다. 1546년(명종 1)에 문과에 급제하여 부교리를 거쳐 장령에 이르렀고, 대사성으로 지제교知製教에 올라 박계현朴啓賢과 함께 왕의 소명을 받고 옥

박계현 묘비, 경기도 고양시

취정玉翠亭에 들어가 율시로 화답하였다. 서경덕에게 학문을 배우고 노수신盧守慎과 벗하였으며 동인의 지도자로 30년 동안 벼

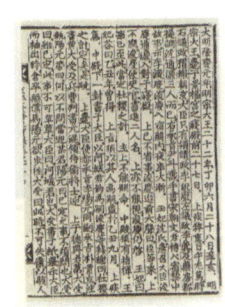
『선조수정실록』

슬을 지냈으며 생활이 청렴하였다.

그러나 허엽은 이이가 자신의『율곡집 栗谷集』에서

〈이론이 모순된 점이 많고 문의文義에 어두웠다.〉

고 지적할 만큼 비평 정신이 다소 부족한 인물이기도 했다. 이황李滉은 허엽을 가리켜

"학식이 없었다면 착한 사람이 되었을 것이다."

하며 개탄하기도 하였다. 강직한 인물로 정평이 나 있는 허엽에 대해『선조수정실록』권 14에 다음과 같은 기록이 있다.

〈선조 13년(1580) 2월 1일에 동지중추부사 허엽이 죽었다. 엽曄의 자는 태휘太輝고 호는 초당草堂인데 젊어서 서경덕을 따라 배우고 노수신과 친구가 되어 선비로 이름났다. 가정嘉靖 병오년에 문과에 오른 즉시 사간원에 들어갔는데, 당시의 당론에 감히 이의는 내세우지 못했으나 마음으로 사류士類를 두호斗護하여 일에 따라 바른쪽을 구했으므로 칭찬할 만한 행적이 있었다. 지금의 임금 조정에 오랫동안 대사간, 대사성이 되어 직언을 좋아하면서도 사정에 맞지 않으므로 선조가 그다지 중하게 여기지 않았는데, 경상 감사로 승진되었다가 바로 판서 물망에 올라서 크게 쓰이게 되었었다. 엽은 말년에 기생을 가까이 하였고 조약燥藥을 복용하다가 병을 얻은 뒤로는 성격이 갑자기 편협하고 조급해졌다. 적용하는 형

벌이 많이 남용되었으므로 백성들이 괴이하게 여겼으며, 이어 병으로 인해 해직되었다가 상주 객관에서 사망하였다. 엽이 이황과 더불어 학문을 논하면서 고집된 경향이 많으므로 황이 "태휘太輝가 만약 학문을 하지 않았던들 참으로 선인이 될 뻔했다"고 하였다. 그러나 경전의 가르침을 독실히 좋아하여 노년에 이르도록 게을리하지 않았으므로 세상에서 어질게 여겼다. 동서로 당파가 나뉜 뒤에는 엽이 동인의 우두머리가 되어 의론이 가장 준엄하였고, 박순과 동문수학한 친한 벗이었는데 만년에 당파가 달라진 뒤에는 여지없이 공박하였으므로 그를 묘지墓地라 칭하였는데 묘卯는 정동正東이 되기 때문이었다. 그의 세 아들 성筬, 봉篈, 균筠과 사위 박순원, 우성전, 김성립이 다 문장가로 조정에 올라 의론이 높았으므로, 세상에서 허씨 당가黨家가 가장 번창하였다고 칭하였다. (균이 패역悖逆을 꾀하다가 주멸된 뒤로는 가문이 침체되었다.)〉

허엽은 강릉의 초당이란 곳에서 살면서 맛 좋은 두부를 만들어 많은 부를 얻었다. 오늘날 초당 두부라 함은 그런 연유에서 된 것이다.

허엽은 경상도 관찰사 재직시에 김정국金正國이 찬수한 『경민편警民編』을 보충하여 일반에게 반포하고 『삼강이륜행실三綱二倫行實』을 편찬하기도 하였다.

## 파국으로 치달은 기인 허균

조선 시대의 기인奇人 허균의 자는 단보端甫이며 호는 교산蛟山, 성옹惺翁, 성소惺所, 백월거사白月居士 등으로 일컬어졌다. 유몽인柳夢寅이 그를 고정孤䴏이라 칭하였지만 이는 천재를 지칭함이다. 그는 고려조의 이규보李奎報를 잇는 위대한 문인으로서 유儒, 불佛, 도道 삼교를 체득한 중세기의 사상가이나 불행하게도 이방인과 같은 존재로 소외되어 왔다.

허균은 누나 허초희와 마찬가지로 가정의 불행으로 정신적 충격과 갈등을 겪었으며, 일반적이지 않은 성격과 재능으로 인해 잦은 파직을 겪었다. 그러나 가난하고 불우한 이들의 편에서 그들의 대변자로서의 역할을 담당하였으며 안타깝게도 당쟁의 와중에서 불행한 생을 마감했다.

## 작품에 민중의 마음을 담은 허균

허균은 『성소부부고』에서

〈평생 시를 써서 시 10권을 완성하였지만 마음만 수고롭고 후회스럽다.〉

고 기술하였지만, 그의 작품은 『홍길동전洪吉童傳』과 5편의 한문 단편을 포함해서 8백여 시문이 있다.

「여이손곡與李蓀谷」 서간에서 허균은

〈나의 시가 당시唐詩나 송시宋詩와 비슷하다고 평가받을까 두렵

다. 사람들이 나의 시를 허균의 시라고 칭해주기를 원한다.〉
고 하여 자신만의 작품 세계를 구현하기 위해 노력하였음을 알
수 있다.

『학산초담鶴山樵談』은 허균의 시평서로서 그의 후기에 의하면
허균이 임진왜란을 피하여 강릉에 머무르던 때인 1593년(선조
26) 25세에 이 책을 썼다. 이 책은 『패림稗林』(조윤제趙潤濟 소장)이
세상에 알려지면서 학계에 관심을 모으기 시작하였는데 내용은
시화와 시평 99칙則, 기타 9칙의 총 108칙으로 구성되어 있다.
먼저 제왕문장帝王文章에 관해 언급하고 조선 시학의 흐름을 개
관하면서 최경창, 백광훈, 이달 등 이른바 삼당시인을 중점적으
로 거론하였다. 중간에는 당시 유명 시인들의 시를 언급하면서
중국 시학의 흐름에 대하여서도 조금 언급하였으며 그밖에 기
녀의 시 또는 서얼의 시 등도 평하였다. 『학산초담』은 주로 학당
파學唐派 시인을 중점적으로 다루고 있는 점이 특색으로 삼당시
인이 18칙, 허봉 25칙, 허난설헌 6칙, 소(소재蘇齋)·호(호음湖
陰)·지(지천芝川) 5칙, 그밖에 이주李冑·김정金淨 등과 백대붕白
大鵬에 이르는 당시唐詩풍 추종자들의 시에 대한 평론이 다수 등
장한다.

허균은 문장이란 시대가 내려옴에 따라 수준이 낮아진다고
생각하였고, 전대의 시구를 모방하였을 때 고도의 기술을 쓴다
면 평가할 만한 작품으로 남을 수 있다고 하였다. 작품의 우열

에 대한 판단은 중국 시의 최고봉인 당시에 비교하는 방법을 택하였다. 그러나 허균은 송시나 명시를 상당히 낮게 평가하고 있으며 또 당시 중에서도 만당晚唐의 풍을 본받는 것을 비판하고, 성당盛唐의 시풍을 최고의 전범으로 생각했다. 조선 시학의 흐름도 당연히 송시 풍에서 당시 풍으로의 전환에 주목

노수신 초상

하여 서술하였는데, 당시를 익혀서 확산하고 보급한 정사룡鄭士龍, 노수신盧守愼, 황정욱黃廷彧 등을 호, 소, 지라 하여 칭찬하였고, 이어서 삼당시인을 본격적으로 당시 풍에 접근한 인물들로 인정하고 그들의 시를 높이 평가하였다. 특히, 자신의 스승인 이달에 대한 칭찬은 여러 곳에서 보인다. 이른바 환골탈태에 대하여 말하기를, 음절이나 격률이 전인들의 경지에 이르더라도 그 시가 포함하고 있는 시의 정신이 빠져 있다면 올바른 환골탈태라 할 수 없다고 하였다. 곧 시에 있어서 수사적인 표현 기교와 함께 시에 내재하는 정신을 중시하고 있는 점은 주목할 만하다. 이 책은 『패림』 제6집에 있다.

일찍이 전통론을 극복하여 자신의 문학적 좌표를 구축하려고 고뇌한 허균에 대해 이직李稙과 김득신金得臣은 "시를 안 사람", "감별력이 뛰어난 자"라고 지적하였다.

오늘날 허균에 대해 연구한 논저는 70여 편이 있는데 이는 허균이 최초의 국문소설로 확인된 『홍길동전』의 저자라는 이유 외에도 불의와 구조적 모순에 항거하여 진정한 자유를 추구한 인물이었다는 이유도 클 것이다. 허균이 민중의 마음이 담겨 있고 세태가 풍자된 질박한 일상어에 관해 남다른 관심을 보이며 당시의 세태와는 다른 예술에 대한 새로운 이해를 보였다는 사실이 이를 반증한다. 그의 작품은 지극히 비판적인 사고의 소산물로서 현실 인식을 강하게 표출하고 있다.

허균의 모든 작품에는 기존 관념에 대해 도전하고 새로운 세계를 창조하기 위한 시도가 보인다. 『홍길동전』 외에도 한문 단편인 『손곡산인전蓀谷山人傳』, 『남궁선생전南宮先生傳』, 『장생전蔣生傳』 등에서도 강한 현실 인식이 드러나 있다.

허균은 사상과 문학의 일치를 일상어로써 구사하면서 도문일치道文一致를 주장하였다. 이것은 자신의 폭 넓은 인생관과 자유분방한 사상을 표출한 것이기도 한데, 실제로 그의 작품을 분석해 보면 당시의 어려운 상황에서 사상적 틀을 벗어나 자유로움을 추구하려고 애쓴 정신적 흔적을 접하게 된다. 허균은 유儒, 불佛, 도道 삼교에 걸쳐 남달리 조예가 깊었음은 물론, 그 외의 서적을 두루 섭렵하여 유가儒家 이외의 사상도 자유자재로 구사하였다.

한편 허균의 성품은 방자하여 당시 사론士論의 공격을 받았지

만 그는 당대의 봉건제도에 맞서 유교적 세계를 탈피하고자 한 혁신적인 사상가이자 자유와 진실성을 찾으려는 식견 있는 문사 文士라고 해야 할 것이다.

허균을 거론할 때 빼놓을 수 없는 것은 『홍길동전』일 것이다. 『홍길동전』이 최초의 한글소설이라는 문학사적 의의는 접어두고라도 율도국을 통해 이상주의를 실현하고자 한 흥미 있는 구성은 당시의 시대적 상황을 인식한 정신적 소산물로서 원균 자신의 현실 문제를 해결하고자 하는 의지가 분명한 작품이다.

주인공인 홍길동 역시 단순히 작가에 의해 창작된 가공적인 인물이 아니라 연산군 시대에 실존했던 서얼이나 임꺽정과 같은 인물로 구분해야 할 것이다. 또 『홍길동전』을 단순히 『수호전水滸傳』의 모방 작품으로만 인식할 것이 아니라, 허균만의 개성적이고 독창적인 예술성을 인정해 주어야 하겠다.

## 허균 문학의 의의

허균 문학에 수용된 그의 철학적 사상인 유儒, 불佛, 도道는 우리 사상의 발전에 기여했음이 확인된다. 무엇보다 그의 관심이 내면으로의 침잠으로부터 외부 지향으로 나타난 실학자로서의 역할을 담당했음은 더없이 소중한 정신적 흔적이다.

허균의 문학을 총체적으로 이해하기 위해서는 종교, 문학, 사회 사상 등이 폭 넓게 검토되어야 한다. 허균의 문학 유산은 『홍길동전』 이외에도 많은 양이 있으나 불행하게도 그의 문학과 사상의 높이와 깊이, 폭이 심도 있게 다루어지지 못했다. 지금까지 대다수의 연구자들은 유가儒家로서 이단백가異端百家에 출입하여 시대적 상황에 역행한 것을 허균의 기재奇才와 연관 지어 그의 역사 인식을 박덕薄德의 소치로 이해하고 있음이 안타깝다.

### 야사 총서 『패림稗林』

『패림稗林』은 편찬 연대와 편자가 미상인 야사 총서이다. 총 96종, 190책으로 이루어져 있으며 필사본으로 전해진다. 『계갑록癸甲錄』 상, 중, 하의 『기재잡기寄齋雜記』 제5권 첫머리에 '대동패림大東稗林'이라고 기록되어 있는 점으로 보아 그 일명이 『대동패림』인 것을 알 수 있다. 그러나 일본 세이카도문고(정가당문고靜嘉堂文庫)에 소장되어 있는 『대동패림』과 같은 책이라거나, 그 이본이라고 할 수는 없다. 종류로 『패림』은 96종, 『대동패림』은 65종, 책수로는 『패

박동량이 엮은 『기재잡기』, 규장각.

림』은 190책, 『대동패림』은 125책이다. 편찬 연대는 『패림』은 조선조 철종哲宗 이후에 된 듯하나 『대동패림』은 정조 때 편찬된 듯하다. 그러므로 『패림』이 『대동패림』을 전사轉寫한 것도 아니고 이본이라고 볼 수 없다. 『패림』의 특징은 첫째, 수록된 야사의 종류와 책 수가 다른 야사 총서의 그것보다 비교적 많다는 것을 들 수 있으며 둘째, 다른 야사 총서에 수록되어 있지 않은 「농수유고초農叟遺稿抄」, 「수문록隨聞錄」, 「수서잡지修書雜誌」, 「순조기사純祖記事」, 「신임기년제요辛壬紀年提要」, 「안가노안女家奴案」, 「유재일기留齋日記」, 「철종 기사」, 「헌종憲宗 기사」, 이본 「정종正宗 기사」, 이본 「순조 기사」가 있으며, 『패림』과 『대동패림』에는 수록되어 있으나 다른 총서에는 수록되어 있지 않은 것으로 「갑인록甲寅錄」, 「기축옥안己丑獄案」, 「나금왕복羅金往復」, 「동각산록東閣散錄」, 「양파연기陽坡年記」, 「지촌답문芝村答問」 등이 있다. 세 번째, 『패림』에 수록된 야사 중에는 초본보다 완본 또는 완본에 가까운 것이 수적으로 우세를 보이고 있으며 넷째, 「정종 기사」, 「순조 기사」, 「헌종 기사」, 「철종 기사」 등 몇 편을 제외하고는 본문의 상란 또는 그 끝에 주註가 달려 있는 것이 상당히 많다는 점이다.

## 자아실현을 꿈꾼 여성
# 신사임당

고운 모습 흰 백합에 비기오리까.
맑은 지혜 가을 달에 비기오리까.
사임당 그 이름 귀하신 이름…….

이는 노산鷺山 이은상李殷相이 지은 〈사임당의 노래〉 한 부분이다.

우리 역사상 가장 모범적이요 우러러 널리 추앙받고 있는 대표적인 부인을 꼽으라면, 우리는 망설이지 않고 율곡栗谷 이이李珥의 어머니인 신사임당申師任堂을 내세우곤 한다.

우리나라는 수천 년의 역사를 가진 나라로 그 역사 속의 인물 중에는 훌륭하고 자랑스러운 여성이 헤아릴 수 없을 정도로 많

지만 지금까지 알려진 많은 여성들의 경우, 한두 가지 분야에서만 뛰어날 뿐이어서 그 방면에만 이름을 떨쳤다. 그러나 신사임당은 어느 특정 분야가 아닌 여러 방면에 걸쳐 골고루 뛰어난 분이었다.

신사임당 초상

신사임당은 어버이에게는 지극한 효녀, 남편에게는 어진 아내, 자식에게는 훌륭한 어머니였다. 뿐만 아니라 학문이 깊고 시문詩文에 뛰어난 여류 문인으로 글씨와 그림, 자수에도 뛰어났다.

이렇듯 신사임당은 효녀요 어진 부인이요 문학가요 서예가요 화가였다. 제 아무리 뛰어난 재주를 지녔다 할지라도 인격과 덕을 갖추지 못했다면 그것은 한낱 재주꾼에 지나지 않을 것이다. 그렇지만 사임당은 인격도 뛰어났고 덕 또한 높은 분이었다. 물론 그럴 수 있었던 데는 가족들의 포용력과 유복한 환경도 영향을 미쳤을 것이다.

대다수의 한국 여성은 봉건사회의 제도 아래서 사회의 단절되고 소외된 공간에서 응어리진 한과 정념을 되새김질할 뿐 예술, 특히 문학에의 접근이 힘겨웠다. 이 같은 전통적인 가치 체

이능화가 지은 『조선여속고』

계가 우리 사회에 뿌리내리고 있는 상황에서 "여자는 오직 술이나 음식을 의논할 뿐이며 옷이나 바느질하고 물이나 길으며 절구질이나 잘하면 넉넉하다"라고 하였다. 『조선여속고』라는 의식 세계에 머물지 아니한 신사임당의 예술혼은 높이 평가해도 지나치지 아니하다.

우리의 전통 사회는 여성들에게 학문의 수월성을 허락하지 않았다. 오로지 시부모와 남편을 섬기는 법도와 예절 그리고 정절을 고수하는 것을 미덕으로 주지시켰다. 때문에 우리의 여성사는 한결같이 인고와 비탄, 궁핍과 고통으로 얼룩진 통한의 역사였고 그 근저에 자리해 있는 것은 인종忍從을 요구하는 침묵과 여인네의 기다림이 전제된 번뇌의 일관성이었다.

이 같은 시대적 상황 속에서 신사임당은 한국 여성만의 특유의 인내와 다정다감한 정서를 축으로 문학 작품을 창작한 것이다.

신사임당이 시문에 능했던 것은 널리 알려진 사실이나 그에 못지않게 글씨와 그림에도 일가를 이루었음은 현존하는 서화書畵를 통해 그 규모를 엿볼 수 있다. 김창흡金昌翕의 문인 이병연李秉淵은 사임당의 포도 그림에 차운次韻해서 송宋나라 때 산수화로 유명한 이성李成에 견줄 만하다고 하여 "여자 중의 이영구女中李營丘"라 극찬하였다. 이영구는 이성이 영구 출신임을 따라

김창흡 초상

부르던 호칭이다. 또 숙종肅宗 때의 학자 송상기宋相琦도 「초충도 화첩草蟲圖畵帖」발문에서

〈일가 한 분에게 일찍이 집에 율곡 선생 어머님이 그린 초충도 한 폭이 있었는데, 여름철이 되어 마당 가운데 내어다 볕을 쬐이다가 닭이 와서 쪼아 종이가 뚫어졌다는 말을 들은 적이 있더니, 과연 그렇더라.〉

고 술회하고 있다. 「초충도 화첩」은 신사임당이 채색하여 그린 8폭의 병풍 그림으로, 각 폭마다 각기 다른 풀과 벌레를 그려 놓았다. 자연의 풀과 벌레를 소재로 하여 각 폭마다 꽃과 관련된 풀벌레를 중점으로 그렸으며, 그 종류가 20여 가지나 된다. 오이나 가지는 풍요한 느낌을 갖게 하고, 벌레나 잠자리 등은 사실적으로 묘사하여 생동감을 주며, 풀꽃들에 날아드는 나비나 벌의 표현도 재미있다.

또한 숙종 때의 학자 권상하權尙夏도 「제죽과어화첩題竹瓜魚畵帖」에서

〈필력이 살아 움직이고, 모양을 그린 것이 실물과 똑같아 줄기와 잎사귀는 마치 이슬을 머금은 듯하고 풀벌레는 날아 움직이는 것 같으며, 오이와 수박은 보다 말고 몰래 입에 침이 고이니 참으로 천하에 제일가는 보배다.〉

라고 극찬하였다. 이처럼 사임당의 재주를 극찬하고 있는 사대부들은 대개 사임당의 아들인 율곡 이이를 존숭尊崇하고 있는 사람들이 대부분이지만, 그렇다고 하여 사임당이 율곡의 어머니였기 때문에 예의로 과찬한 것이라고만 보기는 힘들다.

이이는 어머니의 행적을 기록한 「선비행장先妣行狀」에서

〈어머니는 평소에 묵적墨迹이 뛰어났는데, 7세 때에 안견安堅의 그림을 모방하여 산수도山水圖를 그린 것이 아주 절묘하다. 또 포도를 그렸는데 세상에 흉내 낼 수 있는 사람이 없다.〉

고 기록되어 있는 것에서도 알 수 있듯이 사임당 생존 시에 이미 그 재주가 널리 알려진 것이 틀림없다. 안견은 조선 초기의 화가로 천성이 총명하여 옛 그림을 모두 깨닫고 그 장점들을 모아 절충한 화풍을 일으켰다. 안평安平 대군과 가까이 지내면서 대군이 꿈에 보았다는 세종世宗의 들놀이 모습을 그린 것은 널리 알려진 일이며 주로 산수山水를 잘 그렸다. 작품으로〈몽유도원도夢遊桃源圖〉,〈청산백운도靑山白雲圖〉,〈적벽도赤壁圖〉,〈동경산수도冬景山水圖〉등이 있다. 안견의 자는 가도可度와 득수得守, 호는 현동자玄洞子와 주경朱耕, 본관은 지곡池谷이었으며 벼슬은 호군護軍이었다.

특히 사임당이 많이 그린 초충화草蟲畵는 당시 중국 회화에서도 독립된 화과畵科로 발전하지 못한 상태였는데, 사임당에 의해 초충화가 한국적인 특성을 지닌 독립된 회화의 양식으로 발

전하게 되고, 이후의 초충화, 화조화花鳥畵, 영모화翎毛畵 등에 큰 영향을 미치게 된다. 특히 사실주의 화가들이 사임당의 영향을 받아 문인화풍文人畵風의 격조 높은 작품을 남기게 되는 것은 사임당의 공헌이라 할 수 있다. 또한 서민들이 애호했던 민화民 畵에도 적지 않은 영향을 주어 구도, 기법, 소재 등에 있어서 사임당이 그린 초충화의 특성들이 양식화되어 전개되었음도 알 수 있다.

유교적인 가치관이 점차 사회에 뿌리를 내려가는 시기에 유가 가문에 태어난 사임당은 이러한 시대적 제약을 뛰어넘어 자신의 재능을 예술혼으로 승화시켰다. 이로써 오늘날 한국화의 일맥을 이어준 것은 참으로 자랑스러운 일이며, 한국 여성의 자아실현을 성취시켜 준 선구자로 추앙받기에 부족하지 않다.

사임당에 관한 단편적 기술은 율곡의 「선비행장」에 기술되어 있듯이 시, 서, 화에 뛰어나 삼절로 일컬어지는 천부적 자질을 지니고 있음은 물론이거니와 시문학時文學에 대한 감각도 일품이었다.

대관령을 넘으며 강릉 북평촌에 계신 홀어머니 이씨와의 헤어짐을 안타까워하며 눈물 속에 읊은 「유대관령망친정踰大關嶺 望親庭」이나 고향에 계신 모친에 대한 그리움이 깃들어 있는 「사친思親」 그리고 사친의 정감을 달에 견주어 읊은 「낙구落句」는 그저 단순한 아녀자의 넋두리가 아닌 청초한 시격을 지니고 있어 매력적이다.

**踰大關嶺望親庭 유대관령망친정**
慈親鶴髮在臨瀛 자친학발재임영
身向長安獨去情 신향장안독거정
回首北村時一望 회수북촌시일망
白雲飛下暮山靑 백운비하모산청

**대관령을 넘으며 친정을 바라보다**
늙으신 어머님을 고향에 두고
외로이 서울 길로 가는 이 마음.
돌아보니 북촌은 아득도 한데
흰 구름만 저문 산을 날아 내리네.

학발鶴髮은 머리가 학처럼 희다는 뜻으로 어머니의 늙음을 나타낸 말이며 임영臨瀛은 강릉의 옛 이름이며, 북촌北村은 지금 오죽헌烏竹軒이 자리 잡고 있는 곳이다. 백운白雲은 어머니를 그리는 것을 뜻하는 말로 당나라 때 인걸이란 효자가 높은 산에 올라가 흰 구름을 바라보며 "저 구름 아래 우리 어머니가 계신다"라고 말하고, 구름이 다 걷힌 뒤에야 자리를 떠났다고 하는데서 유래된 것이다. 이처럼 사임당은 혼인하여 시댁인 한양에

있으면서도 늘 혼자 계시는 어머니를 잊지 않고 생각하며 친정 어머니가 생각날 때마다 시를 지으며 마음을 달래곤 하였다.

  이 시를 지었을 때 사임당의 나이 38세였으며 어머니는 63세, 이이는 6세였다.

### 思親 사친

千里家山萬疊峯 천리가산만첩봉
歸心長在夢魂中 귀심장재몽혼중
寒松亭畔孤輪月 한송정반고윤월
鏡浦臺前一陣風 경포대전일진풍
沙上白鷗恒聚散 사상백구항취산
海門漁艇任西東 해문어정임서동
何時重踏臨瀛路 하시중답임영로
更着班衣膝下縫 갱착반의슬하봉

### 어머니를 그리며

산 첩첩 내 고향 천 리건마는
자나 깨나 꿈속에도 돌아가고파.
한송정 가에는 외로이 뜬 달
경포대 앞에는 한바탕 바람.
갈매기는 모래톱에 헤락 모이락

고깃배는 바다 위로 오고 가겠지.
언제나 강릉 길 다시 밟아 가
색동옷 입고 앉아 바느질할까.

위의 시에서 북촌은 고향이라는 공간적 거리에만 머물지 않은 유년의 온갖 그리움의 총체성이 내재된 본질적인 '집'의 개념으로 그 의미망이 확산되었다.

7언 율시의 이 시는 자나 깨나 정든 고향 산천을 생각하고 있는 신사임당의 마음이 잘 나타나 있으며, 고향에 있는 정든 한송정과 경포대의 경치와 갈매기가 노니는 백사장, 고깃배가 오가는 동해 바다의 정경이 잘 그려져 있다. 또한 마지막 구의 '언제쯤 다시 강릉으로 내려가 색동옷을 곱게 입고 어머니 곁에 앉아 옛날과 같이 오순도순 이야기하며 바느질을 할 수 있을까'에서는 다시 못 올 옛 시절을 그리는 애틋한 마음이 잘 나타나 있다.

간절히 기대하던 모녀간의 해후가 이루어지는 것을 가정했을 때도 무분별한 정감의 도출이 아닌 색동옷을 입고 부모의 슬하에서 바느질하리라는 조선조 규수의 품격과 정제미를 고아한 시심으로 표출하였고 이것이 시의 격을 높여주는 원천적 힘이 되고 있다.

또한 효심으로 투명하게 점철되어 있는 사임당의 시편은 인

간 본연의 자연 귀의와 교접되어 있어 오늘의 우리에게 모성의 소중함을 재인시켜주는 동기를 부여하며 삶에 대한 본원적 그리움이 소중한 행위임을 명증해 준다.

### 사임당의 뿌리

1504년(연산 10) 10월 29일 태어난 사임당은 조선 시대의 대표적인 여류 예술가이자 현모양처의 대명사이다. 사임당은 당호堂號이며 그밖에 시임당媤任堂, 임사재妊思齋라고도 불렸다. 사임당의 본관은 평산平山이며 아버지는 신명화申命和, 어머니는 용인龍仁 이李씨 이사온李思溫의 딸로 그녀는 외가인 강원도 강릉 북평촌北坪村에서 둘째 딸로 태어났다. 이때 아버지 신명화의 나이는 25세였다.

한국 여성의 표상이 되고 있는 신사임당에 대해 이이의 수제자인 김장생金長生이 지은 「율곡행장栗谷行狀」에 보면 사임당에 대하여

〈신씨는 기묘명현己卯名賢 명화命和의 따님으로, 자품資品이 매우 특출하여 예禮에 익숙하고 시詩에 밝아서 옛 여범女範에 대하여 모르는 것이 없었다.〉

라고 기록하고 있으며 또 이이의 「선비행장」에는

〈어머니 사임당은 나이 어려서 경전經傳에 통하고 시문에 능하고 자수에 정묘精妙했을 뿐만 아니라, 천자天資가 온아溫雅하고 지

> 조지조操가 정결貞潔하며, 또한 말수가 적고 행동을 삼가하며 항상 겸손했다.〉

고 기록하고 있다.

이러한 사실은 사임당의 가정환경을 살펴보면 곧 증명이 되는데 사임당의 조부는 영월寧越 군수를 지낸 신숙권申叔權이고, 증조부는 성균관 대사성大司成을 지낸 신자승申自繩이었다. 또한 아버지 신명화는 천성이 순박하고 지조가 있어 도의에 어긋나는 일을 하지 않았다. 어머니는 유학자 최응현崔應賢의 외손녀로 최응현은 세종조에서 중종조까지 8대에 걸쳐 삼사헌부三司憲府 사조참판四曹參判을 역임한 바 있고, 또 그 효성의 지극함과 위국 충성으로 온 나라의 칭송을 받은 뛰어난 유학자였다. 최응현의 부친 최치운崔致雲 역시 세종이 그의 부음訃音을 듣고 제문祭文을 지어 애도할 정도의 큰 유학자로 부자가 나란히 강릉향현사江陵鄕賢祠에 배향되어 있는 유서 깊은 가문이었다.

이이가 지은 「이씨감천기李氏感天記」에 의하면 외조모 이씨는
> 〈타고난 자질이 순수하고 맑았으며, 행동거지가 침착하고 조용하였다. 말은 앞세우지 않고 행하는 데는 민첩하였으며, 일에 대하여는 신중을 기하였지만 선한 일을 하는 데는 과단성이 있었다. 학문을 약간 알아 항상 삼강행실三綱行實을 외웠다.〉

라고 적고 있다. 그러나 어머니 이씨는 외동딸이었기 때문에 결혼하고도 강릉에서 부모님을 모시고 살았기에 어머니 이씨가

사임당의 인간성 형성에 끼친 영향은 대단히 컸다고 할 수 있겠다.

따라서 사임당은 친가와 외가가 모두 유학자 집안으로서 그 가운데서도 의리를 생명처럼 중시하는 이른바 사림파士林派 계통의 사람들과 깊이 관련을 가지고 있던 절도와 지조가 있고 효성이 지극한 가문 출신임을 알 수 있다.

사임당이 13세 되던 해인 1516년(중종 11) 아버지 신명화는 진사가 되었으나 벼슬에는 나가지 않았으며, 성현聖賢의 글을 읽으며 학문과 인격을 닦는 데 마음을 쓴 인물이다. 신명화는 1519년(중종 14) 기묘사화己卯士禍로 화를 입은 기묘명현己卯名賢의 한 사람이었으나 사화 당시 참화를 당하지는 않았다.

## 뜻은 좋았으나 외골수가 되어 기묘사학를 당하다

기묘사화는 1519년(중종 14) 11월에 남곤南袞, 심정沈貞, 홍경주洪景舟 등의 훈구파勳舊派들이 조광조趙光祖, 김정金淨, 김식金湜 등의 젊은 선비들을 몰아내어 죽이거나 귀양 보낸 사건이다. 연산군 때의 무오사화와 갑자사화로 김종직金宗直 일파의 신진 학자들은 거의 몰살당하여 유학은 쇠퇴하고, 기강도 문란해졌다. 이에 연산군을 폐하고 왕위에 오른

김식 묘소, 경기도 남양주시

중종은 연산군의 악정惡政을 개혁함과 동시에 연산군 때 쫓겨난 신진 사류를 등용하고, 대의명분과 오륜五倫의 도를 존중하는 성리학을 크게 장려하였다. 이때 뛰어난 것이 조광조 등의 젊은 선비들이었다. 조광조는 김종직의 제자 중 성리학에 가장 연구가 깊었던 김굉필金宏弼의 제자로서 우리나라 성리학의 정통을 계승한 사람이었다. 1515년(중종 10)에 성균관 유생 2백여 명이 연명連名하여 그를 천거하였고, 이조판서 안당安瑭도 그를 추천하였으므로 곧장 6품의 관직에 임명되었다. 그 뒤 조광조는 왕의 두터운 신임을 얻어 전후 5년간에 걸쳐 정계에서 활약하게 되었는데 이때, 유교로써 정치와 교화의 근본을 삼아 하夏, 은殷, 주周 3대代의 왕도王道 정치를 실현하려고 하였다. 1518년(중종 13) 조광조의 건의에 따라 현량과賢良科가 설치된 뒤 현

안처근 묘비, 경기도 하남시   기준 묘비, 경기도 고양시

량과를 통하여 김식, 안처근安處謹, 박훈朴薰, 김정, 박상朴祥, 이자李耔, 김구金絿, 기준奇遵, 한충韓忠 등 조광조의 일파인 젊은 선비들이 차례로 요직에 임명되어 조광조를 보좌하였으며, 조광조 자신은 1519년(중종 14)에 38세의 나이로 대사헌의 요직에 올랐다.

그런데 이들은 성리학을 지나치게 중요시한 나머지 고려 이래 몇 백 년간 장려하여 온 사장詞章(시문詩文)을 배척하였기 때문에 남곤, 이행李荇 등의 사장파詞章派와 서로 대립하기 시작하였다. 또한 현실을 돌보지 않고 주자학에 따라 종전의 제도를 급진적으로 고치려 하였고, 풍속과 습관까지 바꾸려 했기 때문에 정광필鄭光弼 등 보수파의 훈구 재상과 대립이 심해졌다.

당시의 훈구 재상으로서 조광조 등의 탄핵을 받지 않은 사람은 거의 없었으며, 모두 세력을 잃고 불평을 품게 되었

희빈 홍씨 묘소, 경기도 포천시

다. 특히 조광조 등은

"정국공신靖國功臣(중종반정공신中宗反正功臣) 가운데는 공신으로서의 자격이 없는 사람이 많으니, 이들의 공신을 박탈하도록 해 주십시오."

하고 중종에게 건의하여, 마침내 전 공신의 4분의 3에 해당하는 76명(심정 포함)의 공신호를 박탈하기에 이르렀다. 이에 놀란 훈신勳臣들은 수단을 가리지 않고 모략과 중상에 나섰으니, 이것이 조광조 일파의 젊은 선비들이 화를 당하게 된 직접적인 원인의 하나였다. 처음에는 중종도 조광조 등의 혁신적인 정치에 호의를 가졌으나 그들의 지나친 도학적道學的 언행에 염증을 느끼기에 이르렀고, 훈구파의 심정과 남곤은 홍경주의 딸이 희빈熙嬪으로 중종을 모시고 있는 것을 이용하여 조광조 타도에 발 벗고 나섰다. 희빈은 천하의 인심이 조광조를 지지하니 조광조는 공신들을 제거

김전 묘비, 경기도 고양시    남곤 묘비, 경기도 양주군    심정 묘비, 서울 방화동

한 후에 스스로 임금이 될 꿈을 꾸고 있다는 소문을 퍼뜨리는 동시에 대궐 안의 나뭇잎에 감즙으로 '주초위왕走肖爲王'이라는 네 자를 써서 벌레가 파먹게 하고, 이것이 묘하게 글자로 남은 것을 중종에게 보여 큰 충격을 주었다. 한편 남양군 홍경주, 예조판서 남곤, 공조판서 김전金銓, 호조판서 고형산高荊山, 도총관 심정 등은 비밀리에 모의한 다음 홍경주가 일당을 대표하여 조광조 등이 당파를 만들어 과격한 일을 자행하고 정치를 어지럽히니 처벌해야 한다고 중종에게 밀고하였다.

마침내 중종은 대사헌 조광조, 우참찬 이자, 도승지 유인숙柳仁淑, 좌부승지 박세희朴世熹, 우부승지 홍언필洪彦弼을 비롯하여 조광조 파로 지목되는 이들을 잡아 가두게 하였다. 홍경주, 남곤, 심정 등은 당장 이들을 때려죽이려 하였으나 병조판서 이장곤李長坤과 좌의정 안당은 중종에게 간

안당 묘비, 경기도 하남시

청하며 이를 말렸고, 영의정 정광필은

"젊은 선비들이 현실을 모르고 옛날 제도를 그대로 인용하여 실시하고자 한 것이니 통촉하여 주시옵소서."

하며 눈물을 흘리면서 간곡히 말렸는데 그는 이로 인하여 옥에 갇혔다. 이날 성균관의 유생 1천여 명이 광화문光化門 밖에 모여 조광조 등의 억울함을 울며 호소하였는데 주모자 이약수李若水 등 몇 명을 체포하자 모두 자진하여 포승을 지고 들어가 감옥은 초만원을 이루었다 한다. 이들은 곧 판결을 받아 조광조는 능주綾州로 귀양 갔다가 사약을 받고 죽었으며 김정, 기준, 한충, 김식金湜 등은 귀양 갔다가 사형을 당하거나 자살을 하였고 김구, 박세희, 박훈 등은 귀양을 갔

정광필 묘소, 경기도 군포시

는데 모두 30대의 젊은이들이었다. 또 그들을 옹호하던 안당, 김안국金安國, 김정국金正國 형제는 파면되었으며 안당은 2년 뒤 사형당하였다. 뒤이어 김전金銓은 영의정, 남곤은 좌의정, 이유청李惟淸은 우의정이 되었으며 현량과는 폐지되었다. 이 옥사가 기묘년己卯年에 일어났으므로 기묘사화라 하였다.

자규루

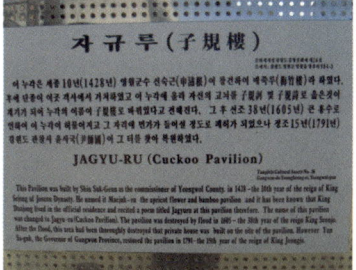
신숙권이 창건한 자규루 설명문. 신숙권의 이름이 신숙근으로 잘못 표기되어 있다.

사임당의 할아버지는 강원도 영월 군수로 있을 때 누각 하나를 지었는데 단종이 영월로 유배를 왔을 때 이 누각에 올라 자규시子規詩를 지어 누각의 이름이 자규루子規樓가 되었다고 하며 사임당의 먼 윗대 조상인 신숭겸申崇謙은 춘천 사람으로 고려 태조 왕건王建을 임금으로 앉히는 데 큰 공을 세워 개국일등공신開國一等功臣이 되었다.

경기도 연천군에 있는 신숭겸 위패, 숭의전

사임당의 어머니 이씨는 외동딸로서 혼인하여 시댁인 한성漢城에서 지내게 되었는데 어느 날 친정어머니의 병환 소식을 듣게 되자, 시어머니의 허락을 얻어 남편 신명화와 함께 강릉으로 내려왔다. 강릉에 온 지 며칠이 지나 남편은 서울로 올라가자고 하자 사임당의 어머니는 눈물을 흘리며,

"저의 부모님은 이미 늙으셨고 또 의지할 곳도 없습니다. 하루아침에 갑자기 제가 없어지면 부모님은 누구를 의지하며 사시겠습니까? 더구나 어머니는 오랜 병환으로 끊임없이 약을 드셔야 하는데 어떻게 버려두고 떠날 수 있겠습니까? 출가한 몸이기에 분부를 어길 수 없으나, 저는 여기 시골에 남아 늙으신 부모님을 모시고자 합니다. 허락하여 주십시오."

라고 하자 신명화는 감동하여 허락하였다. 때문에 사임당의 어머니와 아버지는 각각 강릉과 서울에서 16년이나 떨어져 살았으며, 이렇듯 오랜 기간을 어머니 이씨가 강릉에 있었기 때문에 사임당도 강릉 북평촌에서 태어나게 되었던 것이다. 집안에 아들이 없었기에 출가 후에도 이씨는 친정에 살았고 사임당도 외가에 살면서 여자로서의 범절과 학문을 배워 부덕과 교양을 겸비하며 성장하였다.

훗날 이이는

"외할머니는 타고난 자질이 순수하고 맑았으며, 효성 또한 지극하였습니다. 말만 앞세우지 않았으며 행동은 민첩했습니다.

또 모든 일에 신중하였으며 모범이 될 만한 일에는 적극 앞장섰습니다."
라고 말하였다.

### 사임당과 율곡, 오죽헌에서 태어나고 자라다

우리나라에는 경치가 뛰어난 곳이 많은데 그중 영동이 첫째이고, 영동에서도 강릉이, 강릉에서도 경포대鏡浦臺와 한송정寒松亭이 제일이라 했다. 오늘날 강릉을 '제일 강릉'이라 부르게 된 까닭도 여기에서 비롯된 것이다. 한송정과 경포대는 신라 때 화랑들이 차를 달여 마시던 곳으로 한송정은 오죽헌에서 동남쪽 20리쯤 되는 곳에, 경포대는 오죽헌 아래 경포 호숫가 언덕에 자리 잡고 있다. 경포대는 강릉시 동쪽 7킬로미터 지점에 1326년(충숙 13) 박숙정朴淑貞이 창건한 누대樓臺이다.

사임당은 이와 같이 아름다운 경포대 근처 호숫가 북평촌의 오죽헌에서 1504년 10월 29일 태어났다. 아버지 신명화와 어머

오죽헌 전경

경포대, 강원도 유형문화재 제16호

니 이씨 사이에서 태어난 자식은 딸만 다섯이었는데 사임당은 그 가운데 둘째였다. 나면서부터 인물이 고운 데다 바탕이 뛰어나 부모로부터 특별한 사랑을 받았다고 한다. 또한 총명하고 재주가 남달리 뛰어나 여성으로서 갖추어야 할 도리는 물론 바느질이나 자수, 글씨와 그림, 학문과 예술에 이르기까지 눈부신 천재적 소질을 발휘하였다. 이는 물론 사임당의 타고난 자질에도 그 원인이 있다고 하겠으나 무엇보다 예의범절이 뛰어난 어머니 이씨와 학문이 높은 아버지 신명화의 지극한 자녀 교육을 말하지 않을 수 없을 것이다.

오죽헌은 본래 1505년(연산 11) 병조참판을 지낸 수재睡齋 최응현崔應賢의 고택에 딸린 별당이다. 최응현은 조산助山이라는 곳에서 살다 거기서 가까운 북평촌으로 옮겨 왔는데, 둘째 딸이 사임당의 외할아버지 이사온과 혼인하자 최응현은 이 집을 둘째 사위에게 물려주었고 이사온이 죽자 이 집은 그대로 이사온의 딸인 용인 이씨, 즉 사임당의 어머니에게 상속되었다. 그러나 이씨는 딸만 다섯을 낳았기 때문에 아버지 신명화와 어머니 이씨를 부양할 아들이 없었다.

사임당은 그 다섯 딸 중 둘째로 태어나 19세에 덕수德水 이씨 이원수李元秀에게 시집을 갔다. 사임당의 부모는 다섯 딸 가운데 평소 총명하고 효성이 지극했던 둘째 딸을 마음에 두었고 이씨는 이원수와 결혼했으나 남편의 동의를 얻어 친정에서 생

신사임당의 남편 이원수 묘소, 경기도 파주시

활하였다. 그러다 결혼 몇 달 후인 11월 7일에 아버지가 47세로 돌아가시자 친정에서 3년 상을 마치고 21세 되던 1524년(중종 19) 서울로 올라와 시어머니 홍洪씨 부인께 신혼례를 드렸다. 이후 선조 때부터 시가의 터전인 파주 율곡리栗谷里에 기거하였으며 강원도 평창군 봉평蓬坪(현 백옥포리白玉浦里)에서도 여러 해 살았으나, 홀로 계신 어머니가 아흔 살의 나이로 세상을 떠날 때까지 모시기 위해 강릉 오죽헌에서 지내는 때가 많았다. 이런 와중에 셋째 아들인 이이는 강릉 오죽헌에서 태어났으며 6살이 될 때까지 이곳에서 어린 시절을 보냈다.

사임당의 어머니 이씨는 다섯 딸에게 재산을 나누어 줄 때 둘째 딸 사임당의 아들 이이에게는 제사를 받들라며 한양 수진방壽進坊(현 종로구 청진동淸進洞) 기와집 1채와 전답을 주었고, 넷째 딸의 아들 권처균權處均에게는 묘소를 보살피라며 오죽헌이 속한 강릉의 집과 전답을 주었다. 따라서 권화와 사임당의 남편 이원수와는 동서 사이가 되고, 권처균은 이이와 이종 사촌이 된다.

이씨의 넷째 딸은 권화權和에게 시집을 갔는데 그 사이에 낳은 아들이 권처균으로, 외할머니로부터 집을 물려받은 권처균은 별당 주위에 까마귀와 같이 검은 대나무가 무성한 것을 보고 '烏까마귀오', '竹대죽', '軒집헌'자를 써서 오죽헌이라 하였으며 자신의 호도 오죽헌이라 하였다.

오늘날 오죽헌이 우리나라의 대표적인 유적지로, 또 강릉의 대명사로 불리고 있는 까닭은 신사임당과 이이가 이곳에서 태어났기 때문이다. 오죽헌은 역사적으로 유서 깊은 곳이기도 하지만 우리나라에서 가장 오래된 주거 건축물 중의 하나로 건축양식과 구조가 주목받을 만하고 문화재로서의 가치가 뛰어나 1963년 1월 21일 국가에서 보물 제165호로 지정하여 관리하고 있다. 오죽헌의 현재 모습은 1975년 박정희 전 대통령에 의해 오죽헌 정화 사업을 통한 것이다.

이이의 영정을 모신 사당은 그의 시호인 문성文成을 따서 문성사文成祠라 하고, 오죽헌의 맨 오른쪽 방은 사임당이 용꿈을 꾸고 이이를 낳았다는 몽룡실夢龍室로 사임당의 영정을 모시고 있다. 또 어제각御製閣에는 정조 임금의 글씨가 새겨진 이이가 어린 시절 쓰던 벼루와 이이가 처음 배우는 사람들을 일깨우기 위하여 지은 『격몽요결擊蒙要訣』이 전시되어 있다. 율곡기념관에는 사임당을 비롯하여 율곡, 매창, 옥산 등 사임당과 그 자녀들의 작품이 전시되어 있다.

정조가 벼루에 새긴 글의 뜻은 다음과 같다.

> 무원(주자)의 못에 적셔내어,
> 공자의 도를 본받아 널리 베풂이여!
> 용(율곡)은 동천洞天으로 돌아갔건만,
> 구름(명성)은 먹에 뿌려 학문은 여기에 남았구나.

한편 『격몽요결』은 이이가 어린이의 도학道學 학습을 위해 1577년(선조 10) 독서의 궁리窮理와 입심 칙궁立心飭躬, 봉친奉親과 접물接物 등에 관한 일을 편찬한 책이다.

2권 1책의 인본으로서 이 책은 덕행과 지식의 함양을 위한 초등 과정의 교재로 근세에 이르기까지 여러 번 간행되었을 뿐만 아니라, 학문을 시작하는 이들에게 『천자문千字文』, 『동몽선습童蒙先習』, 『훈몽자회訓蒙字會』에 이어서 널리 읽혀졌다. 이 책은 저술 직후부터 조선 시대 초학자는 물론 사림에서 읽혀야 할 책으로 널리 유포되었으며, 인조 때는 전국 향교에 이 책을 내려서 교재로 삼게 하였다.

서문에 의하면 이이가 해주의 은병정사隱屛精舍에서 제자들을 가르칠 때 초학初學의 향방을 정하지 못하고 굳은 뜻이 없는 제자들에게 뜻을 세우고 몸을 삼가며, 부모를 봉양하고 남을 접대하는 방법을 가르치기 위해서 이 책을 지었다고 한다.

본문은 10장으로 구성되어 있는데, 제1장 「입지立志」에서는 처음 배우는 이가 먼저 뜻을 세워서 스스로 성인이 될 것을 기약하고, 스스로 작게 여겨 물러가려는 생각을 일으키지 말 것을 강조했다. 제2장 「혁구습革舊習」에서는 사람이 학문에 뜻을 두고 열심히 노력하여도 성취하지 못하는 것은 구습 때문임을 밝히고, 구습의 종류로서 뜻을 게으른 데 둔 것 등 8가지를 들고 있다. 제3장 「지신持身」에서는 9용容으로 몸과 마음을 지키고, 9사思로써 학문을 진취시키는 뜻을 세울 것을 강조하였다. 제4장 「독서讀書」에서는 이치를 궁구하기 위해 먼저 독서를 해야 하며, 독서를 하되 반드시 책 한 권을 선택하여 숙독하고 완전히 통달한 뒤 다른 책으로 바꿔 읽을 것과 다독에 빠져서 쓸데없이 힘을 소모하는 것을 경계하였다. 제5장 「사친事親」에서는 효도의 당위성을 강조하여 잠시도 효를 잊지 말 것을 밝혔고, 제6장 「상제喪祭」에서는 상례를 주희朱熹의 『가례家禮』에 따를 것 등을 밝히고 있다. 제7장 「제례祭禮」에서는 『가례』에 의해서 사당을 세우고 조상의 신주를 모시며, 제전祭田을 두고 제기를 갖출 것과 사당에 대한 예의 등을 밝혔다. 제8장 「거가居家」에서는 부부간의 예의를 중심으로 집안 다스리는 방법을 설명하였고, 제9장 「접인接人」에서는 부드럽고 공경하는 마음으로 사람을 접대할 것과 학문을 믿고 스스로 교만해지는 것을 경계하라고 가르쳤다. 제10장 「처세處世」에서는 벼슬을 위해 학문하지 말 것과

도를 행할 수 없으면 벼슬에서 물러날 것을 깨우치고 있다.

## 사임당이라 부르는 이유

옛날 부인들은 남자들이 제 이름을 가졌던 것과는 달리 대부분 자기 고유의 이름을 갖지 못했다. 사임당師任堂 역시 본래의 고유 이름이 아니라 따로 지어 불렀던 호號였다. 이름을 '인선'이라고 밝힌 곳도 있으나 확실하지 않다.

'사師'는 스승이니 본받는다는 뜻이고 '임任'은 옛날 중국에 문왕文王이라는 뛰어난 임금의 어머니인 태임太任의 이름자에서 따온 것이다. 태임은 너무나 어질고 착하고 현숙한 부인이어서 당시 여성이라면 누구나 그를 본받고자 하였는데 사임당도 문왕의 어머니 태임을 본받는다는 뜻으로 자신의 호를 '사임師任'이라고 지어 부른 것이다. 어떤 책에는 사임의 한자를 '사임師姙', '사임思任', '사임思姙' 등으로 쓴 것도 있으나 모두 잘못된 것이며 이이가 직접 쓴 「선비행장」에는 분명 사임師任이라고 기록되어 있다.

태임에 대한 이야기는 『열녀전列女傳』 모의母儀 주실周室의 삼모三母 가운데 기록되어 있는데

〈태임은 그 성품이 단일端一하고 성장誠莊하여 항상 덕德을 행하였다. 임신하게 되자 눈으로는 좋지 못한 것을 보지 않았고, 귀로는 음탕한 소리를 듣지 않았으며, 입으로는 나쁜 말을 하지 않고

태교胎教를 잘 지켰다.〉

고 전하고 있다.『열녀전』은 중국 역사상 요순堯舜으로부터 한漢 이전까지 남편과 자식을 입신양명立身揚名 시키고 나라 발전에 큰 공헌을 한 여성들을 「모의母儀」, 「현명賢明」, 「인지仁智」, 「정순貞順」, 「절의節義」, 「변통辯通」으로 나누어 높이 들어 올리고, 남편과 자식과 나라를 파멸로 이끈 본받아서는 안 될 여성들을 「얼폐전孽嬖傳」에 모아 경고한 책이다.

　사임당도 태임을 본받아 율곡을 가졌을 때 이 같은 태교로써 몸을 조심하였던 것으로 허균도

　"율곡 선생의 학문은 다름 아닌 어머니 사임당의 태교에서 얻어진 것이다."

라고 하였다.

　조선은 유학이 국가의 지도 이념이고, 그중에서도 주자학이 주축을 이룬 시대였다. 그러나 고려 375년간은 불교문화가 사회 전반을 이끌어 왔으므로, 유교 문화권으로 조선이 정착되는 데에는 오랜 시간이 요구되었다. 특히 여성의 지위에 있어서 불교와 유교는 현저한 차이가 있었으므로, 불교적 관습이 아직 남아 있던 전환기에 살았던 사임당의 일생에 이러한 사회 상황은 큰 영향을 끼쳤으리라 생각된다.

　1435년(세종 17)에『삼강행실도三綱行實圖』가 반포되는데, 삼강三綱은 한나라 무제武帝가 유학을 국시國是로 삼은 후 동중서董仲

舒가 유학에 음양陰陽 이론을 받아들여 양陽 쪽에 가치를 부여함으로써 성립된 윤리 규범이다. 군위신강君爲臣綱이 가장 우선으로 신하된 자는 충성하여야 하고, 자식 된 자는 효도하여야 하고, 부인은 정절을 지켜야 한다는 다분히 일방적이고 종속적인 면이 있었다.

그러나 사임당 생존시까지 1백여 년 사이에 이러한 『삼강행실도』, 『열녀도』, 『효자도』가 5번 이상이나 빈번히 간행되었다. 이것을 보면 이 제도를 정착시키기 위한 행정적인 장려의 측면도 물론 있었겠지만, 역으로 그 당시 불교적 유습에 젖어 있었던 각 가정에 삼강의 정신이 아직 철저하게 수용되지 못했음을 시사하는 것이라 할 수 있다. 이처럼 여성의 행동에 아직 융통성이 있었던 시대라고는 하나 유가의 집안에 태어난 사임당이 인생의 목표로 삼았던 것은 역시 유가적인 여성상이었을 것임이 틀림없다.

사후 사임당이 조선조를 대표하는 여인으로 부각될 수 있었던 것은 사임당이라는 당호에서 잘 알 수 있다. 즉 생전에 보여준 온아한 성품과 예술적 자질조차도 모두 태임의 덕을 배우고 따른 데서 연유한 것이라고 할 수 있을 것이다. 이이와 같은 대학자를 길러낸 훌륭한 어머니로서, 뛰어난 재능을 지닌 예술가로서 그리고 아내의 역할을 생활 속에서 성숙시켜 나갔던 것이다.

또한 사임당은 예민한 감수성을 지녀 예술가로서의 대성할 특성을 보였는데 거문고 타는 소리를 듣고 감회에 젖어 눈물을 흘리고 깊은 밤, 사람들이 모두 잠들어 조용해지면 강릉의 친정어머니를 생각하며 눈물을 흘리며 많은 밤을 뜬 눈으로 지새우기도 하였다.

### 시대를 뛰어넘는 예술가로서의 면모

사임당의 예술가로서의 면모는 다방면에 걸쳐 있다. 먼저 그림 부문에서 주된 소재로 삼은 것은 풀벌레, 포도, 화조花鳥, 어죽魚竹, 매화, 난초, 산수山水 등이었다. 이런 화제畵題를 통해 나타난 그림은 마치 생동하는 듯한 섬세한 사실화로서 후세의 시인과 학자들은 사임당의 그림에 발문을 붙여 침이 마르도록 절찬하였다. 그녀의 채색화, 묵화 등 약 40폭 정도가 전해지는데 아직 세상에 공개되지 않은 그림도 상당수 있는 것으로 알려진다. 이러한 그림에 대해 명종明宗 때 사람인 어숙권魚叔權은 『패관잡기稗官雜記』에서

〈사임당의 포도와 산수는 절묘하여 평하는 이들이 "안견의 다음에 간다"라고 한다. 어찌 부녀자의 그림이라 하여 경홀히 여길 것이며, 또 어찌 부녀자에게 합당한 일이 아니라고 나무랄 수 있을 것이랴.〉

라고 극찬할 정도였다. 이이도 「선비행장」에서

〈경전에 통하고 글씨도 잘 썼으며, 바느질과 자수에 뛰어났고, 산수와 풀벌레 그림은 모두 지극히 정묘하여 병풍과 족자가 세상에 많이 전한다.〉

라고 하였다.

사임당의 작품으로는 〈자리도紫鯉圖〉, 〈산수도山水圖〉, 〈초충도草蟲圖〉, 〈노안도蘆雁圖〉, 〈연로도蓮鷺圖〉, 〈요안조압도蓼岸鳥鴨圖〉 등이 있다. 글씨로는 초서草書 6폭과 해서楷書 1폭이 전한다. 이에 대해 윤종섭尹鍾燮은 자신의 시문집 『온유재집溫裕齋集』에서

〈초서에 뛰어나 등화藤花와도 같이 창고倉古스럽고, 그 변화가 구름같으며 필채가 그윽하다.〉

고 평하였다. 여기서 그 고상한 정신과 기백을 엿볼 수 있다.

그중 초서 6폭은 중국 당대의 명필가도 따를 수 없을 만큼 신기에 가까운 것으로 중국과 일본의 명필가들도 이 6폭 병풍 앞에서는 놀라움을 금치 못했다고 한다.

뿐만 아니라 사임당은 7살 때부터 그림을 그리기 시작하여 10세 전후에 습작한 것으로 추정되는 매화 3폭이 전하는데, 이 그림은 꽃망울이 함초롬히 이슬을 머금고 수줍은 듯 고개를 살짝 떨군 모습을 포착해 그린 것이다.

식물을 비롯한 꽃나무의 생태란 하늘과 땅의 정기를 받아 꽃을 피우고 열매를 맺는데, 꽃이 활짝 피어 벌과 나비를 불러들일 때는 하늘을 향해 있지만 일단 벌이나 나비가 다녀간 다음에

는 다소곳이 고개를 숙임과 동시에 꽃잎을 접는다고 한다. 벌과 나비로부터 꽃가루를 옮겨 받아 수정이 되었는데도 그대로 하늘을 향해 활짝 열려 있다면 다른 곤충의 침입은 물론 비바람으로 모처럼 성공한 수정이 물거품이 될 수 있기 때문이다. 사임당은 이러한 자연의 오묘한 조화까지 빼놓지 않고 관찰한 다음 그림을 그렸으며, 특히 매화 그림을 자세히 보면 하늘을 향해 활짝 핀 꽃은 있어도 아래를 향해 활짝 핀 꽃은 찾아보기 어렵다.

또한 사임당은 산수화에도 뛰어났다. 현재 7폭이 소세양蘇世讓의 발문과 같이 전하고 있으나

〈전문가의 솜씨이나 부인의 작품으로 보기는 어렵다.〉

는 평가가 있어 아직까지 미확인된 사임당의 작품으로 전하고 있다.

그 밖에도 포도, 꽃과 새, 고기와 새우, 난초 등의 그림에도 뛰어났다고 하나 안타깝게도 전하는 작품은 손에 꼽을 정도밖에 되지 않는다. 그러나 사임당이 남긴 작품들은 현재 조선 초기 회화사繪畫史 연구에 중요한 위치를 차지하고 있다.

죽은 지 3백년이 넘게 지난 1868년(고종 5), 강릉 부사 윤종의尹宗儀는 사임당의 글씨를 영원히 후세에 전하고자 그 글씨를 판각하여 오죽헌에 보관하면서 그 글씨를 평한 발문에서

〈정성들여 그은 획이 그윽하면서도 고상하고 정결함과 동시에 고

요하여 더욱더 저 태임의 덕을 본뜬 것임을 알 수 있다.〉

고 격찬해 마지않았다. 그 글씨는 마제잠두馬蹄蠶頭, 즉 말발굽과 누에 머리라는 체법에 의한 본격적인 글씨로 평가받는다.

시 분야에서는 몇몇 작품만이 전해지고 그 내용은 주로 친정어머니에 대한 애틋한 그리움이 담겨져 있다. 앞에서 밝힌 서울 시댁으로 향하면서 지은 「유대관령망친정」이나 서울에서 어머니를 그리워하면서 읊은 「사친思親」 등이 그것으로, 이는 어머니의 세계가 사임당의 예술 세계에서도 큰 영향력을 끼치고 있음을 보여준다.

### 재능을 꽃피게 해 준 사임당의 가족

이렇듯 교양과 학문을 갖춘 예술인으로서 성장할 수 있었던 배경은 자신의 천부적인 재능과 함께 그 재능을 발휘할 수 있는 집안 환경에 있었다. 하나는 현명한 어머니의 가르침을 가까이서 받을 수 있었다는 점과 다른 하나는 대부분의 남성들이 완고하고 자기주장을 중요시하던 유교 사회에서 아내의 자질을 인정해 주고 부인의 말에 귀를 기울이는 도량 넓은 남편을 만났다는 점이다. 자신의 재능이 주변의 따뜻한 인간애를 통해 발현할 수 있었음인지 사임당이 받은 후의는 자식 사랑으로 이어졌다.

자녀들 가운데 사임당의 훈화와 감화를 제일 많이 받은 이는 셋째 아들 이이였다. 훗날 이이는 어머니 사임당의 행장기 「선비행장」을 저술하였는데, 여기에서 어머니의 예술적 재능과 우아한 천품, 정결한 지조, 순효純孝한 성품 등을 소상히 밝혔다. 또한 넷째 아들 이우李瑀와 맏딸 이매창李梅窓은 자신의 재주를 계승한 예술가로 키웠다.

### 효성 지극한 자식으로서의 사임당

사임당은 이원수에게 시집을 갔으나 시댁으로 올라가 혼례만 드린 다음 친정 부모를 모시기 위해 다시 강릉으로 내려와 살았다. 그렇다고 시댁에 소홀히 한 것은 아니다. 당시의 불편한 여건에도 시댁과 친정을 위해 천 리나 되는 서울과 강릉을 멀다 하지 않고 오르내렸고 그 사이에서 부모와 헤어질 때의 만감이 어린 시로서 그리기도 하였다.

이이의 「선비행장」에는

〈어머니가 평소에 항상 임영臨瀛(강릉의 옛 이름)을 그리워하여 밤중에 사람 기척이 조용해지면 반드시 눈물을 흘리며 울고, 어떤 때는 새벽이 되도록 잠을 이루지 못하였다.〉

고 쓰여 있다. 이사온과 최崔씨 부인 사이의 외동딸이었던 사임당의 어머니 이씨의 시가는 한양이었으나 부모에게 아들이 없었으므로 이씨가 친정 부모를 모시고 살았다. 때문에 남편과는 16년이란 긴 세월을 떨어져 살 수밖에 없었다. 또 이씨는 90세까지 장수하였으므로 사임당이 어머니를 그리는 마음은 각별했

고, 기회가 되면 강릉 친가에서 지내곤 했다. 어머니 이씨는 효성이 지극했을 뿐만 아니라, 부덕婦德 또한 뛰어났다.

또한 1521년(중종 16) 사임당이 18세 되던 해 외할머니 최씨가 강릉 북평에서 별세하자 이씨의 남편 신명화가 한성에서 강릉으로 가는 도중 병이 들어 집에 도착했을 때는 거의 절망적인 상태였다. 남편이 혼절하자 이씨는 조상의 무덤 앞에 가서 왼편 가운데 손가락을 절단하여 지성껏 기도하였다. 이튿날 아침 사임당의 꿈에 신神이 하늘로부터 대추 알 만한 약을 가지고 내려와서 신명화에게 먹였고 신명화의 병환이 쾌차하게 되었고, 이씨는 이 일로 49세가 되던 1528년(중종 23) 열녀 정각까지 받았다고 「이씨감천기」에 적혀 있다.

효성이 지극하고 부덕이 뛰어난 어머니가 있었기에 사임당 같은 훌륭한 딸이 나올 수 있었고, 훌륭한 어머니 사임당이 있었기에 효자 율곡이 나왔다고 할 수 있겠다.

사임당은 48세를 일기로 세상을 떠났으나 어머니 이씨는 90세까지 장수하였으며 특히 외손자인 이이에게 물심양면으로 큰 도움을 주었다. 어머니를 일찍 여읜 이이는 외할머니에게 깊은 애정을 가지고 있었던 듯 외조모를 위하여 〈외조비이씨묘지명 外祖妣李氏墓誌銘〉 이외에도 「이씨감천기」를 써서 흠모하였으며, 특히 묘지명에서

〈아름다운 규수여 얌전하고 유순한 그 자태여, 가정의 교훈을 이

어받으니 그 집안 매우 화목하도다. 하늘의 보답 있으려니 하였더니, 부군을 여의고 아들 또한 없도다. 하늘의 보답 없구나 하였더니, 수는 90을 누렸도다. 울창한 저 조산助山이여, 두 분의 무덤 여기 있도다. 아 꽃다운 그 이름 백세토록 전하리라.〉

라는 명銘으로 외조모를 기리고 있다. 한편 「선비행장」의 또 다른 구절을 보면

〈아버지께서는 성품이 잘지 않아 집안 살림을 모르셨고, 또 집안이 넉넉지 못해 어머님께서는 모든 것을 아껴 쓰고 위아래를 잘 받들었다. 또 무슨 일이든지 시어머니 홍洪씨에게 아뢰었으며 아래로 여종들에게도 부드러운 말, 화평한 기색으로 타일렀다. 그리고 혹시 아버지께서 실수하는 일이 있으시면 반드시 친히 간하고 자녀들의 잘못을 훈계하며, 모든 아랫사람들의 허물을 옳게 꾸짖으셨기 때문에 모든 사람들이 다 받들었다.〉

고 적혀 있는 것을 보면, 사임당이 부덕을 갖추고 있었음을 알 수 있다.

　사임당이 친정에서 지낸 날이 많은 것은, 물론 사임당이 딸만 있는 가정에 태어난 탓도 있지만 그 당시까지는 결혼한 후 곧장 시댁으로 가서 거주하는 친영親迎 제도가 아직 정착되지 않은 때였다. 고려 시대의 혼인 풍습이 남아 있어 결혼식을 치른 후에도 사위가 처갓집에서 살며 그 자녀가 장성한 후에 독립해 나가는 혼례법이 남아 있었다. 참고로 『성종실록』 18년(1487) 조條에

〈당시 풍속에 처부모 보기를 친부모 보듯 하고, 처부모도 사위 보기를 자식같이 한다.〉

는 기록이 있는 점, 그리고 1518년(중종 12) 7월 계비繼妃 문정文定왕후의 친영례가 시행되었다는 『중종실록』 12년 조의 기록을 보면 사임당이 결혼을 한 1520년대 강릉 지방에는 아직 고려 시대의 구습舊習이 지속되고 있었음을 알 수 있다. 또 『이씨분재기李氏分財記』에 사위에게도 균분상속을 한 기록이 있는 것을 보면, 이 역시 고려 시대의 유풍이 남아 있는 것으로 사임당을 이해하는데 있어서 간과해서는 안 될 점이다.

## 인내심 많고 현명한 부인 사임당

사임당은 19살 때 이원수에게 시집을 갔는데 남편 이원수는 여러 면에서 부인만 못했다고 한다. 사임당은 일찍부터 유교儒敎 경전經典, 사기史記, 그 밖에 성현의 글을 많이 읽어 고양과 학식이 여느 남자보다 훨씬 뛰어났기에 시집을 가서도 남편을 가르쳐 주는 입장이었다. 이원수는 학문에는 그다지 조예가 없었지만 천성이 솔직하고 너그러웠으며, 차림새에 욕심이 없었다고 하며 한 기록에 보면 〈자못 옛 어른의 풍모가 있었다〉고도 한다.

강릉 지방에 사임당과 그 남편에 관한 재미있는 이야기가 전해 내려온다. 사임당이 시집을 간 뒤 남편과 오죽헌에서 살 때의 일이다. 사임당은 어느 날 남편을 불러 놓고 마주 앉아서 진지한 자세로 이야기를 하였다.

"남자로써 이 세상에 태어나서 그럭저럭 한 세상 살다 죽으면 무슨 의미가 있겠습니까? 모름지기 남자는 학문을 닦아 세상에서 필요로 하는 사람이 되어야 한다고 생각합니다. 그러니 우리 10년 동안 떨어져 있는 것이 어떻겠습니까? 당신이 10년 동안 학업을 닦은 뒤에 그때 다시 만나면 되지 않겠습니까? 우리 약속을 합시다."

그러자 이원수도 마음이 움직였다. 남편을 큰 인물이 되게 하려는 사임당의 간절한 소망은 결국 '10년 동안 떨어져 살자'는 서로의 약속으로 이어졌던 것이고 이원수는 부득이 서울을 향해 길을 떠날 수밖에 없었다.

사임당은 애틋한 마음으로

"부디 가셔서 10년 동안 열심히 공부하여 크게 성공을 거두고 돌아오십시오."

하였다. 남편의 짐을 정성스럽게 싸 주며 말하는 신사임당의 눈에 이슬이 맺혔고, 이원수는 그런 부인의 간곡한 말을 뒤로하고 문밖을 나섰다.

당시에는 험준한 대관령을 걸어 넘어야 서울로 갈 수 있었는데, 이원수는 오죽헌에서 10리쯤 되는 성산城山이라는 데까지 갔다가 아내와 도저히 떨어져 살 수 없을 것만 같아 해가 지기를 기다려 오죽헌으로 되돌아왔다. 집을 떠났던 남편이 되돌아

오자 사임당은 깜짝 놀라며

"무엇 때문에 다시 돌아왔습니까? 날이 밝거든 속히 떠나시기 바랍니다."

하며 냉정히 대하였다. 날이 밝자 이원수는 다시 보따리를 짊어지고 길을 떠났지만 이번에는 성산보다 조금 먼 가마골까지 왔다가 다시 돌아왔고 셋째 날에는 가마골 위쪽 대관령 반쟁이라는 곳까지 갔다가 되돌아왔다.

사임당의 실망은 이루 말할 수 없었고 그녀는 단호한 어조로 말하였다.

"대장부가 뜻을 세워 10년을 기약하고 학업을 닦기 위하여 길을 떠난 것인데 사흘을 연달아 되돌아온다면 앞으로 무슨 큰일을 하겠습니까?"

사임당은 남편에 대한 기대가 물거품이 되는 것 같아 눈앞이 캄캄해졌다. 한참 생각에 잠겨 있는데 이원수는

"여보, 학문도 학문이지만 당신 곁을 떠나서는 도저히 못 살 것 같구려. 1, 2년도 아니고 10년이란 세월을 어떻게 떨어져 산단 말이오?"

라고 말하였다.

사임당은 남편이 나약한 성격을 가졌으며, 학문을 성취하겠다는 의지도 약하다는 것을 알게 되었다. 이대로는 도저히 학문을 성취시킬 수 없을 것 같다고 판단한 사임당은 마침내 극단적

인 처방을 쓰기로 하고는 바느질 그릇에서 가위를 꺼내 들고 남편을 향해

 "만일 당신이 나약한 마음을 먹고 학문을 성취하겠다는 굳은 의지를 가지지 않는다면 이는 사람다운 사람이 되지 않겠다는 뜻으로 알겠습니다. 그리고 저도 이렇듯 희망이 없는 세상에서 더 이상 살고 싶지는 않습니다. 이 가위로 머리를 깎고 산으로 들어가 중이 되겠습니다."

하며 심각한 어조로 말을 하였고, 이원수는 깜짝 놀라며 눈을 번쩍 떴다. 남편은 그제서야 깊이 깨달은 듯 정신을 가다듬고 다시 부인과 약속을 하고 다음날 서울로 올라가 학문에 열중하였으나 그것도 3년을 넘기지는 못하였다.

 훗날 종5품 수운판관의 벼슬을 지낸 것도 모두 사임당이 남편에게 학문을 권하는 등 어진 아내로서의 도리를 다했기 때문이다.

 또한 남편을 제대로 보필했던 일화로 시당숙 이기(李芑)가 우의정으로 있을 때 이원수가 그 문하에 들어간 적이 있었다. 당시 시당숙을 못마땅하게 여기던 사임당은 남편이 그와 가까이 지내자

 "어진 선비를 모해하고 권세만을 탐하는 당숙의 영광이 오래 갈 수 없습니다."

하면서 그 문하에서 나올 것을 권하였다. 이원수는 아내의 조언

을 받아들인 덕에 1545년(인종 1) 이기와 윤원형尹元衡이 결탁하여 일으킨 을사사화乙巳士禍로 많은 선비들이 화를 당했을 때 이에 연루되지 않고 화를 모면할 수 있었으며 후에 좌찬성에 추증되었다.

### 외척 득세의 길을 연 을사사화

이기는 1476년(성종 7) 태어난 조선 명종 때의 대신으로 1501년(연산 7) 문과에 급제하여 명성이 자자하였다. 그러나 장인인 군수 김진金震이 재물을 탐하였던 관계로 좋은 벼슬을 얻지 못하다가 그의 재주가 아깝다 하여 대사헌 이언적李彦迪의 도움으로 여러 요직을 거칠 수 있었다. 1545년 을사사화로 훈공이 책록되고 풍성부원군豊城府院君에 피봉되어 기사耆社(기로소耆老所)에 들어갔다가 영의정이 된 후 급사하였다. 세상은 이기와 윤원형을 가리켜 2흉凶이라 하였으며 선조 초에 훈작勳爵을 추삭追削하고 묘비를 쓰러뜨렸다. 이기는 1552년(명종 7) 사망하였으며 자는 문중文仲, 호는 경재敬齋. 시호는 문경文敬, 본관은 덕수德水이다.

윤원형은 윤지임尹之任의 아들로 1533년(중종 28) 문과에 급제하였으며 성품이 방자하고 음험하였다. 윤원형은 문정왕후가 경원慶原 대군(명종)을 낳자 소윤小尹 일파인 형 윤원

윤임 묘비, 경기도 파주시    성세창 묘비

로尹元老와 결탁하여 1537년 드디어 김안로를 제거하고, 인종仁宗의 외삼촌 윤임尹任이 경원 대군을 해코지한다고 헐뜯어 대윤大尹인 윤임 일파와 싸움을 일으켜 몰아냈다.

중종中宗은 제1계비 장경章敬 왕후 윤尹씨에게서 인종을 낳고, 제2계비인 문정文定 왕후 윤씨에게서 명종을 낳았는데, 이들 두 계비는 같은 파평坡平 윤尹씨로 장경 왕후의 동생이 윤임, 문정 왕후의 동생이 윤원형이었다.

중종이 승하하고 인종이 즉위하게 되자 윤임이 득세하여 사림士林의 명사를 많이 등용하여 이언적, 유관柳灌, 성세창成世昌 등을 정부의 대관으로 임명하는 등 사림은 일시 기세를 회복하였다. 그러나 당시 뜻을 얻지 못한 사람들은 윤원형의 밑에 모여서 사림과 반목하고 윤임 일파에 대한 반격의 기회를 엿보고 있었는데, 인종이 겨우 재위 8개월만에 승하한 것이다.

그리하여 불과 12세의 명종이 즉위하자 문정 대비가 수렴청정하게 되었고 형세는 역전되어 이번에는 소윤 윤원형이 득세하게 되었다. 윤원형은 세력을 만회하기 위하여 평소 대윤파와 감정이 좋지 않던 지중추부사 정순붕鄭順朋, 병조판서 이기, 호조판서 임백령林百齡, 공조판서 허자許磁 등 심복들과 더불어 계책을 꾸미고 한편 그의 첩 난정蘭貞으로 하여금 문정 대비와 명종을 선동케 하여 을사사화를 일으키기에 이른다.

허자 묘소, 경기도 연천군

평소에 미워하던 윤임과 그 일파인 이조판서 유인숙柳仁淑, 영의정 유관柳灌 등을 반역 음모죄로 몰아 귀양 보냈다가 죽이고, 이어서 계림군桂林君도 이 음모에 관련하였다는 무고로 죽였으며 전주서前注書 이덕응李德應(윤임의 여서女婿)을 협박하여 그 무고로서 수찬 이휘李輝, 부제학 나숙羅淑, 참봉 나식羅湜, 장령 정희등鄭希登, 사간 박광우朴光佑와 곽순郭珣, 정랑 이중열李中悅과 이문건李文楗 등 10여 인을 죽였으며 그 뒤 이덕응도 화를 입었다.

이상이 을사년에 일어난 화옥이지만 이 여파는 그 후 5~6년에 걸쳐 윤임 등을 찬양하였다는 등의 갖가지 죄명으로 유배되고 죽은 자의 수가 거의 1백 명에 달하였다. 연산군 이래의 큰 옥사는 을사사화가 마지막이 되었으나 이것으로 모후母后 및 외척이 정권을 전횡하는 분위기를 열어 놓았으며, 사화에서 일어난 당파의 분파는 후기 당쟁의 한 원인이 되었다.

왕실의 외척인 윤임과 윤원형은 같은 종씨宗氏이면서 서로 국구國舅가 되어 세력을 잡으려고 일찍부터 반목하고 대립하였던 것으로 사화에서 세를 잡은 윤원형은 스스로 위사공신衛社功臣을 새로 설치하여 공신에 책록되었다.

또 여기에서 그치지 않고 형 윤원로와 세력을 다투다가 조카 윤춘년尹春年을 시켜 살해해 버렸으며, 신불神佛이나 복서卜筮를 맹신하여 1551년 이후 여러 번 우의정에 임명되었으나 점쟁이의 말을 따라 취임하지 않았다. 1563년(명종 18)에는 왕비 인순仁順 왕후의 외척 이양李樑이 세력을 부리게 되자 윤원형은 영의정에 올라 그를 귀양보내버렸다. 윤원형의 권력 남용은 뇌물을 받고 사형수를 석방시키는가 하면 노비와 전토를 막대하게 점령하고 사치한 생활을 누리는 데까지 미쳤다. 그러나 1565년(명종 20) 문정 왕후가

> 죽자 양사兩司의 탄핵을 받아 관직을 삭탈당하고 강음江陰에 퇴거하여 곧 죽었다. 자살하였다는 설도 있다. 윤원형의 자는 언평彦平, 본관은 파평坡平이다.

흔히 세간에서 사임당에 대하여 현모賢母일지는 몰라도 양처良妻라고 하기는 힘들다고 하는 견해도 있으나, 학문적 조예가 깊고 부덕을 갖추고 있었던 사임당이 남편을 충간忠諫하면서까지 가정을 지키려 했던 것을 보면 현명한 사람이었음이 틀림없다.

위와 같은 면모를 종합해 보았을 때 사임당은 조선왕조가 요구하는 유교적 여성상에 굴하지 않고 독립된 인간으로서의 생활을 스스로 개척해 간 여인이라 할 수 있다.

한편 사임당은 몸이 약해 병석에 눕는 일이 많았다. 37세인 1540년(중종 35) 사임당의 병환으로 온 집이 걱정에 잠겼을 때 5살 난 이이가 사라져 모두 나서 찾아보니 뒷 사당 앞에 가서 엎드리고는 어머님 병환을 어서 낫게 해 달라며 기도하고 있기에 달래어 안고 돌아온 일화가 전한다.

남편의 성품과 일곱이나 되는 자식들의 장래를 깊이 생각한 사임당이 어느 날,

"제가 몸이 약해 먼저 세상을 떠날 터이니, 제가 죽은 뒤에 다른 여자에게 다시 장가를 가지 마십시오. 우리가 자식을 7남매

나 두었으니 더 둘 필요가 뭐 있겠습니까? 그러니 우리가 낳은 자식을 훌륭히 키우는 것이 부모 된 도리가 아니겠습니까?"라고 정중히 부탁을 하였다.

어머니로서 사임당의 자녀 사랑은 이처럼 깊고 자상했으나, 이원수는 사임당이 죽자 권權씨에게 새 장가를 들었다. 병약한 자신이 먼저 죽더라도 재혼하지 말 것을 간청하였으나 후일 우둔하고 포악한 권씨와 재혼하여 사임당의 자식들을 괴롭힌 이야기는 율곡 이이의 일화로서도 유명하다.

## 4남 3녀의 어진 어머니 사임당

16세기 이후 그 학맥을 통해 조선 사회에 큰 영향을 미치고, 또 한국이 세계에 자랑하는 율곡 이이 같은 아들이 있었기에 사임당이 한국 여성의 사표가 된 것은 사실이다. 사임당에 대한 평가는 이이의 제자 및 그 학파에 의하여 두드러지는데, 권상하「죽과 어 화첩」에서

〈아아, 율곡 선생은 과연 백대百代의 스승이라. 내 일찍

권상하 초상

저 태산과 북두칠성처럼 우러러 받들
더니, 이제 그 어머님의 필적을 보고
나매 그 경모敬慕되는 바가 과연 어
떻다 할꼬.〉

라고 찬탄하고 있고, 김장생의 후손
인 김진규金鎭圭는 「사임당 화첩」 발
문에서

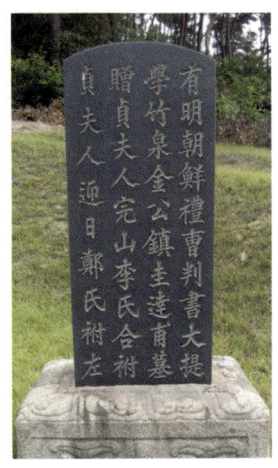

김진규 묘비, 대전광역시

〈내가 들으니 부인은 시詩에도 밝고
예법禮法에도 익어 율곡 선생의 어진
덕도 실상은 그 어머니의 태교胎敎로 된 것이다.〉

라고 말하고 있다. 그 외에도 송상기宋相琦는 「사임당 화첩」 발
문에서

〈부인의 정숙한 덕과 아름다운 행실은 지금까지 이야기하는 이들
이 곤범壼範의 으뜸이라고 일컫거니와, 하물며 율곡 선생을 아들
로 둔 데 있어서랴. 선생은 백세百世의 사표師表이니, 세상이 어찌
그 분을 본받으면서 그 스승의 어버이를 공경하지 않을 수 있을 것
이냐.〉

라고 말하고 있는 것에서도 곧 알 수 있다.

그러나 사임당이 4남 3녀의 어머니로 몸도 약하고 넉넉지 못
한 살림 속에서 7남매를 기르느라고 고생했을 것은 상상하기 어
렵지 않다. 그 어려운 가운데서도 사임당은 이이는 물론 맏딸 이

신사임당 큰아들 이선 묘비　　신사임당 둘째 딸의 남편 윤섭 묘비, 경기도 파주시

　매창과 넷째 아들 이우에게 그림과 글씨를 가르쳐 당당하게 키워냈다. 사임당이 자녀들에게 개성에 맞는 교육을 시키고, 특히 매창의 소질을 키워 준 것을 보면 그녀의 탁견卓見을 알 수 있다.
　사임당의 큰 아들 이선李璿은 21세 되던 1524년 9월에 한성에서 낳았는데 이선은 진사에 올라 참봉參奉 벼슬을 지냈다. 큰딸 이매창은 신사임당의 나이 26세인 1529년(중종 24) 낳았는데 그녀는 어머니의 예술적 자질을 그대로 이어받고 태어나 학문, 글씨, 그림뿐만 아니라 자수와 바느질에 이르기까지 능숙하지 않은 것이 없었고 사람들은 매창을 '작은 사임당'이라고 불렀다고 한다.
　특히 이이는 누님 매창을 지극히 따랐는데 어려운 일이 있거나 결정하기 어려운 일들이 생기면 찾아가 누이와 의논하고 조

언을 들을 정도로 학식이 뛰어났다고 전한다.

둘째 아들은 이번李璠으로 전하는 기록이 없어 자세한 것은 알 수 없으나 높은 학식을 갖춘 이였다고 한다. 둘째 딸의 이름은 알려지지 않았으며 황해도 황주의 윤섭尹涉에게 출가하였다. 황주에서 살았기 때문에 이이가 황해도 감사監司로 갔을 때나 원접사遠接使로 일할 때 둘째 누님 집에 자주 갔었다고 한다.

셋째 아들은 겨레의 스승으로 불리는 율곡 이이로 1536년(중종 31) 낳았으며 사임당의 나이 33세 때였다. 이른 봄 어느 날 밤 꿈에 동해에 이르니 선녀가 있어 바닷속으로부터 살결이 백옥 같은 옥동자 하나를 안고 나와 사임당의 품에 안겨 주는 꿈을 꾸고 아기를 배었는데 다시 그해 12월 26일 새벽에도 검은 용이 큰 바다로부터 날아와 사임당의 침실에 이르러 문머리에 서려 있는 꿈을 꾼 조금 뒤에 이이를 낳았다. 전설로는 봉평에서 임신하여 강릉 친정에서 낳았다고 한다.

셋째 딸의 이름은 알 수 없고 홍천우洪天祐에게 시집을 간 것밖에 밝혀진 것이 없다. 넷째 아들 옥산玉山 이위李瑋(후에 우瑀로 고침)는 1542년(중종 37) 낳았으며 그는 7남매의 막내로서 현감을 거쳐 군자감정軍資監正을 지냈다. 또한 어머니를 닮아 글씨, 그림, 거문고, 시 등 예술적인 분야에 뛰어났는데 어느 날 풀벌레를 그려 길에 던지자 닭들이 한꺼번에 모여들어 그것을 쪼았을 정도로 그림에 소질이 있었다고 한다.

이위는 특히 글씨에 뛰어났는데 어려서는 어머니의 영향을 받았으나, 혼인한 뒤부터는 장인인 우리나라 초서草書의 대가 황기로黃耆老의 영향을 받아 후세에 초서의 신神으로까지 불리었다.

황기로는 조선 중종과 명종 때의 명필로 필법이 뛰어나 필성筆聖이라 불렸으며 충주의 승지 이번李蕃의 비문을 썼고「대동서법大東書法」에 그의 필적을 모간摸刊한 바 있다. 만년에 정자를 낙동강의 서쪽 보천산寶泉山 위에 짓고 이름을 고산정(또는 매학정)이라 붙였다.

당시 초서의 성인聖人으로 불리던 이위의 장인도

"곱게 쓰기는 나보다 못하나 웅건하기는 나보다 낫다."

고 하였다. 결국 옥산 이위의 초서도 어머니 사임당의 지도 아래 이루어졌던 것이다. 한편 아우 이위와 이이의 우애는 지극했다고 하며 우암尤庵 송시열宋時烈은 이 둘의 관계를

"율곡이 해주 석담에 집을 짓고 살 때 자주 술상을 차려 놓고 아우 옥산을 시켜 거문고를 타게 하기도 하고 시를 지으며 스스로 말하기를 '서로를 잘 알아주는 절친한 친구와 같다'고 하였다."

말하였다. 이위는 괴산 군수로 있을 때 임진왜란이 일어나자 장정들을 모아 왜적과 대항하여 싸울 정도로 용맹하였다.

황해도 해주海州의 석담리石潭里는 이이가 일가친척들과 함께 몇 년간 살았던 곳이다.

　이이는 어릴 적에 중국 당나라의 9대가 한 집안에 같이 사는 장공예張公藝란 사람의 이야기에 감탄해서 형제들이 어버이를 받드는 「이륜행실도二倫行實圖」를 그렸다고 한다. 이이는 자신이 어린 시절부터 꿈꿔 왔던 이러한 이상 사회의 꿈을 실현하기 위해 41세에 해주 석담에 은거하여 청계당聽溪堂을 짓고 일가가 모두 모여 살도록 했다.

　이때 이이는 여러 가족이 함께 모여 살면서도 평화로운 가정 생활을 위해 지켜야 할 『동거계사同居戒辭』를 지어 그대로 실천했다고 한다. 또한 이이는 석담천 맑은 물이 아홉 굽이를 돌면서 돌못(석담)을 이루는 천하 절승으로 이름난 석담 구곡의 아름다움을 「고산구곡가高山九曲歌」로 지어 읊기도 했다.

### 주막집에서 태어날 뻔한 율곡

　여담 하나를 하자. 이원수가 사임당과 10년 공부를 약속하고 서울에서 공부에 열중할 때의 일이다. 부인과 헤어진 지도 어느덧 3년이란 세월이 흐르자, 이원수는 불현듯 부인에게 한번 다녀와야겠다고 생각하고 길을 떠났다. 그때 사임당은 강원도 평창군 봉평면 백옥포리에서 잠시 살고 있었다.

　서울을 떠나 대화라는 두메 산촌까지 왔으나 날이 저물어 도저히 더 갈 수가 없게 된 이원수는 하는 수 없이 가까운 주막집에 들어가 하룻밤을 자고, 다음날 일찍 떠나기로 하였다.

밤이 깊자 예쁘게 단장한 주막집 색시가 술상을 차려 들고 방으로 들어와 공손히 술잔을 올린 다음, 이원수를 향해 하룻밤 인연을 맺게 해달라고 간곡히 청하였다. 주막집 색시는 푸른 산, 맑은 물과 벗하며 살아가는 사람이라서 그런지 마치 선녀처럼 아름다웠다.

너무 당황해 어찌할 바를 모르던 이원수는 그러나 3년 전 헤어질 때 오로지 남편을 위해 마음 쓰던 사임당의 어진 모습이 떠오르자 얼른 정신을 차리고 자세를 엄숙히 하였다. 이원수는 자세를 근엄하게 고친 후 부드럽게 타일러 그녀의 간청을 물리쳤다.

다음날 아침 대화리의 주막을 떠나 봉평 집에 이르러 그리던 부인과 반갑게 만난 이원수는 며칠을 부인과 지낸 뒤 다시 작별하고 서울로 올라가는 길에, 전날 주막집 색시가 문득 생각이 나 그 길로 주막집을 찾아갔다. 주막집 색시는 전과 같이 반가이 맞이하며 또 술상을 차려 들고 들어왔다.

이원수는 지난번 간청을 들어 주지 못했던 사연을 말하면서 오늘 밤에는 그 때의 청을 들어 주겠노라고 하였다. 그러자 주막집 색시는,

"저를 사랑스레 보아 주시는 것은 참으로 고마운 일이나 이제는 전과 같이 마음이 끌리지 아니합니다. 지난번에는 제가 남자의 품이 그리워 손님께 안기고자 했던 것이 아닙니다. 그때 손

님을 보니 귀한 아드님을 얻을 상이라 제가 그 아드님을 받아 볼 욕심으로 그랬던 것입니다. 그러나 이제는 손님의 얼굴에 상서로운 기운이 사라지고 없습니다. 부인과 동침하신 뒤로 그 귀한 아드님을 부인께서 잉태하셨기 때문인 것 같습니다."
라고 말하였다.

이와 같은 일이 있은 지 꼭 10달 만에 사임당은 겨레의 스승이 될 율곡을 낳았다고 한다. 이 이야기는 기록이 아닌 율곡의 후손들에게서 전해 내려오는 이야기임을 밝혀 둔다.

### 석학 이이의 뒤에는 큰 나무 사임당이 있었다

경세가요, 교육가로 일세를 풍미한 율곡 이이는 인간 교육의 궁극적인 지표를 최고의 이상적 인간형 즉 성인聖人이 되는데 두었다. 성인이란 개인적인 수기修己에 그치는 것이 아닌 치자治者의 자세까지도 바르게 하는 것을 의미한다. 그는 인간성의 형성에 있어 입지立志, 거경居敬, 궁리窮理, 역행力行이 중요하지만 그것은 '치중화致中和'에 있어야 함을 역설하였다.

작금에 이르러 물질문명의 병폐성에 의해 인간성이 상실되고 있는 시점에서 이이의 심오한 사상은 그 깊이와 넓이를 더하여 준다. 그리고 이와 같은 그 삶의 철학은 어머니 사임당에게서 전해진 바탕임을 알아야 한다.

애국, 애족하는 일념으로 약사의 와중에서 48세의 생애를 마

경기도 파주시의 화석정

친 이이가 우리 조선사에 학문적 업적을 남긴 것은 주지할 바다. 고통을 겪는 서민을 위한 상소, 민풍을 위한 향약과 사창社倉의 장려, 폭넓고 골 깊은 그의 학문적 경륜은 접어두고 인간의 심성과 연관된 문학에 관한 일차적 검토는 의의 있는 작업이라 하겠다.

이이의 천부적인 자질은 고시를 원용하여 석류를 노래한 3세의 어린 시절부터 시작된다. 뒷날 동방지성인으로 기호학파를 형성한 그가 8세의 나이에 화석정花石亭에 올라 읊은 「화석정」은 격조가 높은 시로 세인의 경탄을 받았다.

    하늘과 잇닿아 물빛 파랗고
    서리 맞은 단풍은 해를 받아 붉다.

위 「화석정」의 일부 구절은 투명하고 푸른 가을 하늘과 깨끗

하고 고운 물빛의 대조가 보여주는 색채감이나 서리 맞은 단풍과 눈부신 햇살의 대치, 그런 가운데 있어서 조화된 균제미, 실로 눈감아도 예감되는 정경의 묘사다.

심덕지리心德之理 또는 도문일치道文一致를 전제로 전개되는 이이의 시관은

"문필 마디마다 도의가 서리지 않은 곳이 없다."

는 송강松江 정철鄭澈의 지적이 이를 뒷받침해 준다. 당시 문학의 흐름은 문장에서 도를 구하는 문이재도文以載道의 주장이 지배적이었을 뿐 아니라 문은 곧 '재도지기載道之器'라는 보편적 사상과 연계성을 맺고 있다.

이이는 16세에 모친 사임당을 여의고 세상의 허무를 통탄하여 삼년상을 마친 1554년(명종 9)에 금강산에 들어가 불교와도 인연을 맺은 바 있다. 그렇기에 그의 시편에서 수용하고 있는 주제인 다수의 민중이 현실에서 겪는 고난과 궁핍 그리고 사회제도의 모순에서 오는 인간적인 고뇌를 체감할 수 있었다. 『율곡전서栗谷全書』의 「대화도중大和道中」에서

송강 정철 초상, 충북 진천군

老婦抱兒出 노부포아출

遮不許宿 차불허숙

자아실현을 꿈꾼 여성 신사임당 **151**

할멈은 손주 안고 나오더니만

문 막고 머무름을 허락지 않네.

라는 중의적 표현은 당시의 사회가 안고 있는 시대의 괴로움으로 착취와 억압에 의한 각박한 세태를 개탄하는 것이다. 또한 이이는 깨끗하지 못한 시대를 걱정하며 끓어오르는 격정을 「임하탄臨河歎」에서는

美哉彼河水 미재피하수

아름답다 저기 저 가람물이여

라며 흐르는 물에 토로하기도 하였다.

『율곡전서』에는 487여 수의 시편이 수록되어 있는데 이이는 「정언묘선서精言妙選序」에서 모름지기

〈시는 심성을 기르고 존양存養과 성찰에 도움이 됨을 교시해 주면서 시(문학)의 필요성은 본연지성本然之性에 근거한다.〉

라고 제시하고 있다. 이이의 작시법에 의한 지론이 충담소산沖澹簫散, 다시 말해 꾸미고 장식하는 것에 힘쓰지 않고 자연스러운데서 묘취妙趣, 고조古調, 고의古意가 깊이 들어있다는 주장에 있음은 유념할 필요가 있다.

이이는 또 「전응경지錢應慶之」에서

    스산한 갈바람에 동이 술 놓고
    별리는 술로도 씻기 어려워.

라고 노래하듯이 나뉨의 정감 또한 술만으로는 극복할 수 없다는 자신의 정감을 솔직하고도 정제된 시격으로 취하고 있다. 특히 「만백창경輓白彰卿」에서처럼

    상여가 내일이면 떠난다 하니
    이 눈물 그대 곁에 쏟아 부으리.

같은 시편을 통해 삼당시인 옥봉玉峯 백광훈을 애도한 이이는 죽은 이에 대한 애틋한 감정을 이렇듯 절제하여 문자로 형상화하였다. 슬픔을 딛고 이겨내려는 이이의 진지한 애씀, 그러면서도 눈물로서 8세에 시를 짓고 13세에 시명詩名을 떨친 지기를 떠나보낼 수밖에 없다는 이 같은 표현은 고매한 인품의 표출이자 끈끈한 인간미의 표출이라고 하겠다.

    이이는 그의 시편에서 주제의 특수성과 보편성을 자유자재로 수용하고 있다. 7언 절구의 「운간월雲間月」을 옮겨본다.

**雲間月 운간월**

그지없이 맑은 유리 싸늘한 구슬

구름 새로 빼꼼이 얼굴 내밀어

어여쁘게 단장 끝낸 서시와 같이

교태로이 비단잡고 낯을 가리네.

라는 감춤과 결부된 은근미가 돋보인다. 이이는 있어 드러냄을 경계하며 숨어있는 진실에 대한 깊은 애정과 관심을 그의 시편을 통해 은유적으로 표현하였다.

  언어의 맛을 엿볼 수 있는 그의 시편들은 관조의 세계로 이끌어 준다. 아래 자연미의 극치를 보여주는 「산중山中」 시편 속에서 접할 수 있는 것은 사물을 분석적으로 처리하기 보다는 우주의 근본 원리를 총체적으로 통찰하려는 시인의 시각을 접하며 스스럼없이 친밀감을 지니게 된다는 것이다.

**山中 산중**

探藥忽迷路 채약홀미로

千峰秋葉裡 천봉추엽리

山僧汲水歸 산승급수귀

林末茶煙起 임말다연기

약캐다 홀연히 길을 잃고서
천봉을 휘감은 단풍 속에 섰네.
스님이 물 길어 돌아들더니
수풀 속 차 연기 피어오르네.

온화하고 따뜻한 분위기를 자아내는 이 시는 꽃처럼 아름다운 단풍이 불타는 산봉우리, 물을 길어 돌아오는 산승, 그리고 수풀 저 멀리서 피어오르는 차 연기가 조화를 이루고 있다. 「산중」은 오언절구로 전형적인 한 폭의 동양화로 선명하게 그려진다. 이이는 이렇듯 현실적인 상황 묘사에만 머물지 않고 심상을 통해 상상력을 유발하도록 하였다.

유학이 중시되는 조선조에 있어 충신의 연군지정은 선비의 도리이다. 이이가 홍문관 직제학에 임명되자 세 번이나 상소를 올린 끝에 물러남을 허락받자 감격하여 「감군은感君恩」 4절을 남겼다. 『율곡전서』권2에 있는 그 첫 수를 옮겨본다.

물러남을 허락받아 시골에 오니
우거진 숲 물구비가 바로 율곡촌.
단사표음 맛갈져 삶의 뜻 족해
밭을 갈고 우물 파니 성은이로세.

심상을 적절한 시어의 선택으로 승화시키고 시 안에서 그림을 보듯 안정감 있는 분위기를 연출하고 있다. 이 점이 이이가 자신의 시편에 수용하고 있는 시정신이다.

行傍淸溪步步遲 행방청계보보지
奇巖懸瀑雪花飛 기암현폭설화비
羽人應在水窮處 우인응재수궁처
路斷雲深悵悵歸 노단운심추창귀

길섶에 물이 맑아 걸음은 뜨고
바위에 걸린 폭포 눈꽃이 나네.
신선이 어디엔가 있음직 한데
구름이 길을 막아 열없이 돌아와.

『율곡전서』권1에 있는 시로 왕계동王溪洞의 맑고 깨끗한 계곡의 물과 눈꽃 같은 물보라를 고아하고 투명한 시심에 담아 읊은 칠언절구의 시이다. 이처럼 이이의 시편은 비교적 밝은 시적 분위기를 지니고 있어 그윽한 향기와 빛을 자아낸다.

여기서 고려가요 「서경별곡西京別曲」이나 정지상鄭知常의 「송인送人」처럼 이별의 공간과 수단이 수용되고 있는 별한의 정이 담긴 시 한 편을 옮겨본다. 이 시는 정철과의 헤어짐을 안타까

워하는 정한을 담고 있다.

石友分千里 석우분천리
幽懷付一嗟 유회부일차
東關迷雪路 동관미설로
南極渺星槎 남극묘성사
芳草佳期闊 방초가기활
寒梅晚影斜 한매만영사
堪憐今夜月 감련금야월
相送到天涯 상송도천애

그대와 천 리 길 헤어지자니
회포가 덧쌓여 슬픔이 이네.
눈 덮인 관동길 희미할 터인데
성사로 가는 호남 뱃길 아득해.
꽃다운 풀들은 봄을 기하고
매화는 석양녘에 비끼어 있네.
오늘밤 저 달보며 어이 견디리
관동과 호남의 하늘가에서.

『율곡전서』 권1의 「정철봉사호남여관동임별鄭澈奉使湖南與關東

臨別」로서 이이는 자신의 시편에 자연적인 것을 소재로 선택하여 수용하고 있는데, 그의 자연은 가장 이상적인 자기 수양의 도장道場으로서의 기능을 하였다.

### 후세 사람들이 말하는 겨레의 어머니

● 풀이랑 벌레랑 실물과 똑같구나.
　부인의 솜씨인데 이같이 묘하다니
　하나 더 모사하여 대궐 안에 병풍을 쳤네.
　아깝구나, 빠진 한 폭 다시 하나 그릴 수밖에
　채색만을 썼는데도 한층 아름다워
　그 무슨 법이런가 무골법이 이것일세.

사임당의「초충도 화첩」이 경은부원군慶恩府院君 김주신金柱臣의 집에 있었다. 이 그림은 대궐에까지 알려져 어느 날 숙종은 자신의 장인인 김주신에게「초충도 화첩」을 가지고 오라 하여 똑같이 그리도록 한 다음, 그 그림으로 병풍을 만들었다. 그리고 원본은 시를 지어 함께 되돌려 보냈는데 그 시가「숙종 어제御製」1720년(숙종 46) 기록에 전하는 것이다.

● "사임당은 어려서부터 그림을 공부했는데 포도와 산수 그

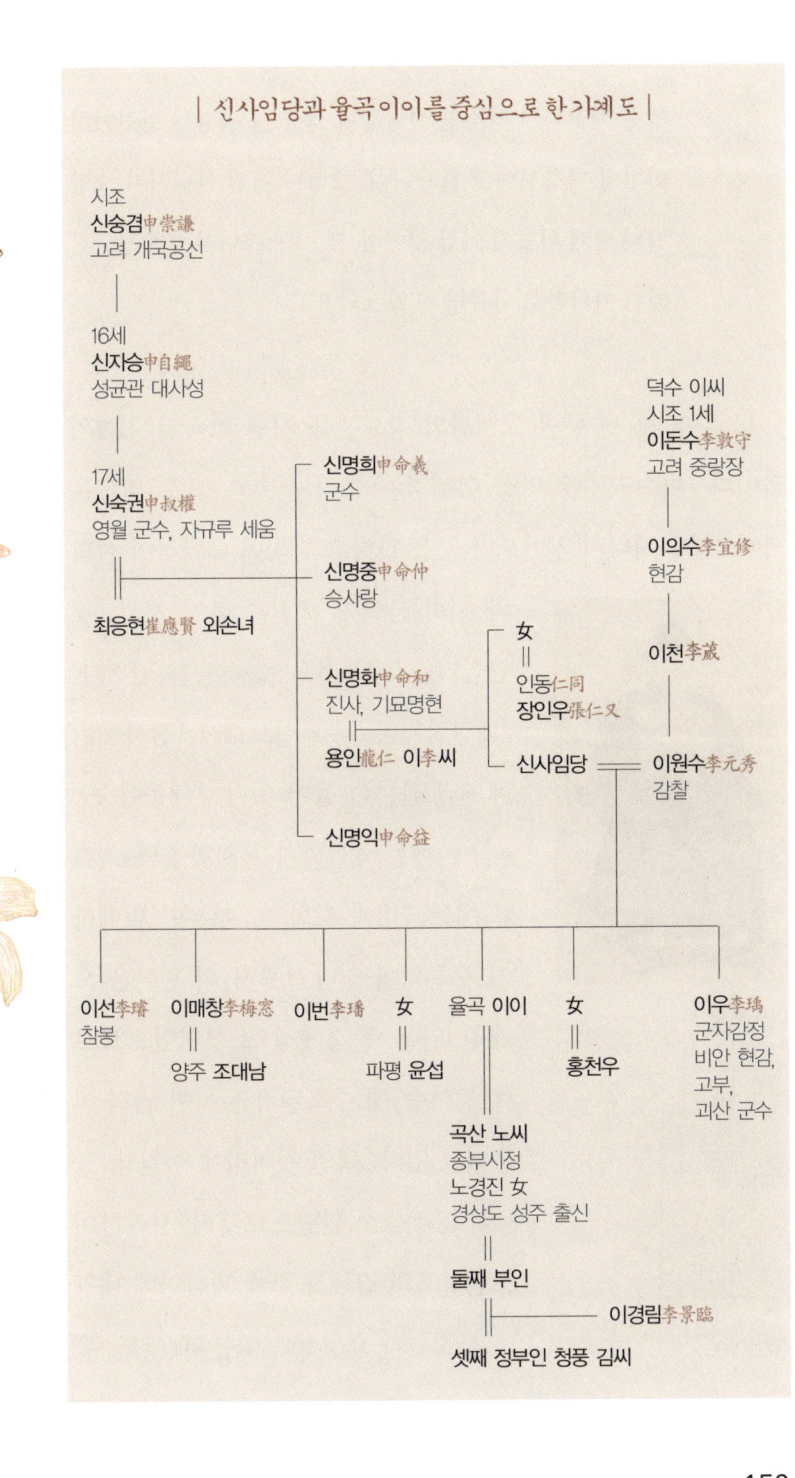

림은 절묘하여 평하는 사람들이 세종 때 유명한 안견이란 화가에 다음간다고 했습니다. 그러니 어찌 부녀자의 그림 이라 해서 가볍게 여길 것이며, 또 어찌 부녀자에게 합당한 일이 아니라고 나무랄 수 있으리요?"

1554년(명종 9) 무렵 교서관의 감교관을 지낸 어숙권魚叔權의 말이다. 어숙권은 좌의정 어세겸魚世謙의 서손庶孫으로 벼슬은 학관學官에 지나지 않았으나 글을 잘하고 지식이 해박하여 설화

어세겸 초상

와 시화를 모아 해설을 붙인 저서『패관잡기』,『고사촬요攷事撮要』를 남겼다. 『패관잡기』는 수필집으로서『광사廣史』에 6권 완본이 들어 있다.『대동야승大東野乘』에는 4권까지,『시화총림詩話叢林』에는 권2에 시화詩話 부분만 발췌하여 수록되어 있다.『광사』의 원본은 오래전 일본 동경에서 소실되었으므로『대동야승』에 수록된 4권 본이 널리 이용되고 있다. 책의 첫머리에 주원장朱元璋의 홍무洪武 원년으로부터 시작하여 조선왕조의 건국과 함께 명나라에 내왕한 사절들과 요동遼東, 일본, 대마도, 유

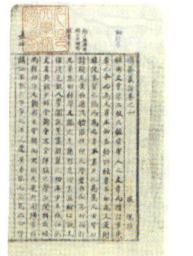

『대동야승』

구琉球 등 지역에 관련된 유사遺事와 풍속 등을 자세하게 기록하였다. 또한 당시의 사환仕宦, 일사逸士, 시인, 묵객들의 언행과 재인, 기예技藝, 축첩蓄妾, 동요童謠 등에 관한 사실들을 보고들은 그대로 기술한 패관문학의 대표작이라 할 수 있다. 『패관잡기』는 조선 전기의 사실을 이해하는 데 요긴한 자료가 되고 있으며, 풍부한 설화적 소재와 간결하고도 진솔한 서술은 문학작품으로서도 평가받고 있다.

> "옛날 성현들은 인물을 평가함에 있어 도덕이 온전하고 재주가 갖추어진 사람을 일컬어 군자라 했습니다. 그러나 이 말은 남자에게는 해당되나 부인에게는 상관이 없는 말입니다. 남들은 여자란 다만 도덕은 말할 수 있어도 재주는 말할 것이 못 된다 하지만 나는 그렇게 보지 않습니다. 여자라도 덕이 이미 온전히 갖추어졌고, 재주도 통하지 않음이 없다고 하면 어찌 여자라 하여 군자라 일컫지 못하겠습니까! 사임당은 여자 중의 군자라 일컬어도 손색이 없을 것입니다. 큰 인물을 낳고 길러 꽃다운 이름을 백대에 끼쳤으니 다시 말해서 무엇하겠습니까!"

1655년 송강松江 정철鄭澈의 현손 영의정 정호鄭澔의 말로 그는 우암 송시열의 문하에 드나들면서 학문을 물어 우암에게 매우 촉망을 받았다. 1675년(숙종 1) 우암이 사화士禍를 만나 귀양을 가자, 정호는 과거 보기를 단념하고 성리학에 힘을 기울였다. 그 후 벼슬을 단념하려다가 여러 형제들의 권유로 1682년(숙종 8) 태학에 들어갔으며 1684년(숙종 10) 정언正言이 되자 붕당을 키우고 권세를 부리는 오도일吳道一을 파면시킬 것을 주장하였다. 1725년(영조 1)에는 일찍이 신임사화辛壬士禍 때의 4대신大臣과 원사寃死한 신하들의 억울함을 극론하여 신원에 큰 힘을 썼으며, 벼슬이 영의정에 이르러 1729년(영조 5) 기사耆社에 들어갔다. 수암遂庵 권상하權尙夏, 직재直齋 이기홍李箕洪과 가까이 지냈으며 일찍이 송시열이 편찬하던 『논맹문의통고論孟問義通攷』를 권상하와 같이 완성하였다. 정호의 저서로 『장암집丈巖集』이 있으며 충주忠州 예암서원禮巖書院에 모셨다.

　●　"율곡 선생의 모친은 신씨였는데 성품이 차분하고 강직하였으며, 글을 잘하고 또 그림에도 소질이 있었습니다. 여자로서의 규범이 매우 엄하여 언제나 여자가 지켜야 할 법칙으로 몸을 단속하였으니, 율곡 선생의 학문은 바로 어머니 사임당의 태교에서 얻은 것입니다."

교산 허균이 한 말로 그는 널리 알려진 『홍길동전』의 저자이다.

● "사임당이 그린 풀, 벌레, 나비, 꽃, 오이 따위는 그 모양이 실물과 똑같을 뿐만 아니라 그 빼어나고 맑은 기운이 산뜻하여 화폭 속에 마치 살아 있는 것 같아 그저 붓이나 핥고 먹이나 빠는 저속한 화가 따위가 능히 따를 수 있는 그런 것이 아닙니다."

1709년 예조판서 김진규金鎭圭의 말이다. 그는 성격이 강직하고 직간直諫을 잘해서 종종 숙종의 노여움을 샀다. 거제巨濟, 덕산德山 등지로 유배되었다가 1716년(숙종 42) 59세에 죽었다. 송시열을 존경하였으며, 문장을 잘하고 글씨에 뛰어났다.

● "사임당 신씨 부인의 정숙한 덕과 아름다운 행실은 부녀계의 으뜸입니다. 우리가 백세의 스승인 율곡 선생을 우러러 받들면서 그를 낳아 훌륭하게 키우신 어머니 사임당을 받들지 않아서야 되겠습니까?"

1713년(숙종 39) 판돈녕부사判敦寧府事 송상기宋相琦의 말로 그는 숙종 초기에 간신의 무리가 송시열, 김수항金壽恒을 무고하여 귀양 보내자 이에 분개하여 분발하고 학업에 전심하였다. 1684년(숙종 10) 문과에 급제하여 승문원에 보직되고, 이어 홍문관弘文館 저작著作이 되었다. 문장에 능하고 학식이 풍부하여 홍문관에서 임금에게 드리는 글은 대부분 그가 지었다.

송상기는 부수찬 때 장희빈張禧嬪의 어머니가 가마를 탄 채 대궐에 출입하는 것을 공격하다가 파면되었으며 이후 복직과 파면이 몇 차례 있었다. 장희빈이 왕비에 오르고 송시열, 김수항 등이 사형당하자 두문불출하고 6년 동안 고향에 머물렀으며 1694년 숙종이 간신들을 몰아내고 민비閔妃가 복위되니 다시 소환되었다.

김수항 초상

대제학, 대사헌을 거쳐 판돈녕부사에 이르렀으나 당파 싸움에 휩쓸려 강주康州로 유배되었다가 다음 해인 1723년(경종 3) 죽었다. 송상기의 저서로 『옥오재집玉吾齋集』이 있다.

장희빈 묘소, 경기도 고양시 서오릉

● "사임당 신씨 부인의 그림은 필력이 살아 움직이고 모양을 그린 것이 실물과 똑같아, 줄기와 잎사귀는 마치 이슬을 머금은 것 같고 풀벌레는 살아 움직이는 것 같으며, 오이와 수박은 보고 있노라면 저도 몰래 입에 침이 흐르니, 어찌 천하에 보배라 하지 않으리오. 내 일찍이 백대의 스승 율곡 선생을 태산과 북두칠성처럼 우러러 받들었는데 이제 또 그 어머니의 필적을 보니 우러러 사모하는 마음 무어라 표현하겠습니까?"

1718년(숙종 44) 권상하權尙夏가 한 말로 그는 21세에 진사에 합격하였는데 일찍이 송시열의 문하에서 배워 그의 총애를 받았으며, 주자학朱子學으로 촉망을 받았다. 송시열의 뜻을 받들어 화양동華陽洞에 만동묘萬東廟를 세우고 명나라의 신종과 의종을 모셨으며 다시 왕의 뜻을 받들어 대보단大報壇을 쌓고 전기의 두 왕을 제사하였다. 우의정과 좌의정 벼슬을 주었으나 모두 사양하였다.

● "그림으로써 세상에 드러난 이가 헤아릴 수 없이 많지만 그 모두는 남자요, 부인은 극히 드뭅니다. 더더욱 잘 그리는 사람은 많아도 신묘한 경지에 들어간 사람은 많지 않습니다. 그러나 부인으로서 그림을 잘 그려 신묘한 경지에까지

들어간 분이야말로 우리나라에서는 오직 사임당 신씨뿐입니다."

이조판서 홍양한洪亮漢의 말로 그는 부모에 대한 효성이 극진하였는데 어머니의 병이 위독하여 운명하게 되자 급히 지혈指血을 부어 넣고 껴안아 주무르니 얼마 있다 소생하여 14년을 더 살았다 한다.

진사에 합격하고 1749년(영조 25) 문과에 급제하여 벼슬에 나가 왕의 물음에 상세하고 명확하게 응해 신임을 받았으며, 양사兩司를 역임하고 호남 어사가 되어 염찰하던 중 1763(영조 39) 태인泰仁에서 급사하였다.

"사임당 신씨 부인은 타고난 자질이 맑고 고운데다 효성이 지극하였을 뿐만 아니라 몸가짐이 단정하고 순결하며 말이 적고 행실이 바른 분이셨습니다. 또 경전과 사기에 통하고 문장에도 뛰어났으며, 바느질과 자수에도 신비에 가까울 정도였습니다. 더욱이 그림에 있어서는 신품을 만들어 냈습니다. 이 모두를 종합해 볼 때 사임당은 여류 선비가 분명하므로 우러러 사모하는 마음 간절합니다."

1830년 무렵 형조판서 신석우申錫愚의 말로 그는 1834년(순조

34) 문과에 급제하여 가주서假注書에 보직되었고, 1860년(철종 11) 동지사로 청에 가서 청나라의 서양인에 대한 정책을 살피고 이듬해 귀국하여 정부의 정책 결정에 기여하였다. 예조판서까지 지냈으며 글씨와 문장에 뛰어났다. 서예 작품으로 해주海州에 「조선선조주필기적비朝鮮宣祖駐蹕紀蹟碑」가 있으며 저서로 『청이부지淸伊府志』가 있다.

> "사임당 신부인愼夫人의 천재는 '바로 나면서부터 안다'는 그것에 가깝습니다. 왜냐하면 문학, 예술 등의 방면에 있어 모두 배우지 않고 스스로 터득하였기 때문입니다. 일찍이 남에게 나타내 보이지 않았으며, 평생의 언행이 어디에 가든지 중국의 이름난 임금인 문왕의 어머니 태임과 같았습니다. 그리고 단정하고 순일하고 진실하며 장중한 점은 비교할 사람이 없습니다."

1940년 오진영吳震泳의 말로 그는 10세에 사서四書와 육경六經을 통달할 정도로 어려서부터 재예가 뛰어나고 학문이 깊었다. 20세가 되기 전에 문장이 널리 알려졌으며 간재艮齋 전우田愚의 문하에서 수학하였다. 사학史學에 정통하여 육당六堂 최남선崔南善이 경의를 표할 정도였는데 관직에는 뜻이 없고 오직 성리학을 연구하며 교육에 잠심潛心하다가 77세인 1844년(헌종 10) 죽었다. 저서로 『석농집石農集』이 있으며, 『대동사감大東史鑑』을 감수하였다.

● "율곡 선생의 어머니 사임당 신부인은 여자 중의 군자이셨습니다. 나는 평생 부인을 우러러 존경할 뿐만 아니라 마치 자손이 조상을 대하는 것과 같이 합니다. 이제 손수 만드신 자수병풍을 보니 그 수놓는 법이 어떠하다는 것은 전문이 아니라 감히 말하지 못하나, 그 그림을 그리는 법에 있어서만은 고상하고 청아한 품이 보통 그림 따위와는 견주어 말할 수 없습니다."

동양화가 허백련許百鍊의 말로 그는 1910년 일본 메이지(명치明治)대학에서 법률을 공부하다가 그림 공부에 전념하기 시작해 1935~1937년 조선미술전람회에 연속 수석으로 입선하며 화단에 자리를 굳혔다. 1958년 예술원 종신회원이 되었으며 남종화南鍾畵의 대가로 1973년 회고전을 가졌고 예술원상을 받았으며 정부로부터 국민훈장 무궁화장이 수여되었다.

● "사임당 신부인은 진정한 효녀로서 또한 착한 아내로서 그리고 어진 어머니로서뿐 아니라 다른 일반적인 각도에서 보아도 분명 하나의 인격자요, 학문인이요, 시인이요, 서화

에 능한 천재 예술가였음에 틀림없습니다. 그래서 나는 사임당의 노래를 지어 부르게 했습니다."

고운 모습 흰 백합에 비기오리까
맑은 지혜 가을 달에 비기오리까.
사임당 그 이름 귀하신 이름
뛰어난 학문 예술 높은 덕을 갖추신 이여.
어찌 율곡 선생 어머니 만이오리까
역사 위에 길이 사실 겨레의 어머니외다
겨레의 어머니외다.

1967년 시조 시인 노산 이은상이 한 말이다. 그의 작품으로 시「가고파」,「성불사」,「고향 생각」,「봄 처녀」가 있으며 저서에『노산 사화집』,『노산 시조집』,『노산 시문집』,『이충무공 일대기』,『난중일기 해의(解義)』등이 있다. 1931년 이화여자전문학교 교수를 역임하였으며 예술원 공로상, 5·16 민족상을 수상하였다.

### 한국 여성의 영원한 표상 사임당

한편 사임당은 38세 되던 해인 1541년(중종 36) 시집 살림을 주관하기 위해 아주 서울로 올라와 수진방에서 살다가 48세인

자운서원 전경

1551년(명종 6) 삼청동으로 이사하였다. 그러나 전해 수운판관水運判官에 임명된 남편이 1551년 5월 17일 아들들과 함께 평안도에 갔을 때 병으로 누운 지 2~3일 만에 48세를 일기로 삼청동 집에서 갑자기 세상을 떠나고 말았다.

남편 이원수는 조운漕運의 일로 큰아들 이선과 이이를 데리고 관서關西로 출발하여 일을 마치고 서강西江에 도착하였는데 이이는 이때의 정경을 「선비행장」에서

〈그날 서강에 이르렀을 때, 행장 속에 든 유기(鍮)그릇이 모두 빨갛게 변했으므로 사람들이 모두 괴이한 일이라고 했는데 조금 있다가 돌아가셨다는 기별이 왔다.〉

고 기록하고 있다. 이때 맏아들 선은 28세였고, 맏딸 매창은 23세, 둘째 아들 번과 둘째 딸은 몇 세였는지 전하지 않으며, 셋째 아들 율곡은 16세, 넷째 아들 우는 10세였다. 사임당의 묘소는 경기도 파주시 법원읍 동문리 자운서원紫雲書院에 있다.

율곡 이이의 큰아들 이경임 묘비

자운산紫雲山 널찍한 서원의 한쪽 산줄기에는 율곡 이이의 가족묘가 자리하고 있다. 선산先山 중심부의 맨 위에는 이이와 부인 곡산 노씨의 묘가 자리 잡고 있으며, 그 아래에 이이의 맏형 부부 이선과 부인 곽씨의 합장묘가 있다. 그 아래로 이이의 부모인 이원수와 신사임당의 합장묘가 자리하고 있으며, 맨 아래쪽에 이이의 맏아들 이경임李景臨의 묘가 위치하고 있다.

묘역을 마주하고 우측에는 이이의 큰누님 매창과 매부 조대남의 합장묘 등이 있으며, 좌측에도 이이의 장손 이제 부부 묘 등 이이의 가족묘가 자리하고 있다.

이이의 묘소가 부모의 묘소보다 위쪽에 자리 잡고 있어, 방문객들의 호기심을 유발시키고 이에 대한 많은 가설들이 제기되고 있지만 명확한 이유는 확인되지 않았다. 율곡 이이의 묘소와

이이의 큰 누나 매창과 매부 조대남 묘비

이이의 손자 이제 묘비

사임당의 묘소는 경기도 기념물로 지정되어 있다.

　한국 여성의 상징적 표상으로 자리한 신사임당의 얼을 기리기 위하여 일찍이 1970년 10월 14일 서울 사직공원 내에 사임당 동상이 세워졌다. 의장은 서울대학교 미술대학 최만린崔滿麟 교수가 맡았다. 1974년 10월 26일에는 강원도 주관으로 강릉시 저동 경포대 경내에 신사임당 동상이 건립되었으며 여기에는 노산 이은상이 지은 사임당의 약력과 사임당 찬가가 김충현의 글씨로 아담하게 새겨져 있다.

　1975년에는 신사임당상이 제정되었는데 이 상은 지난 1975년부터 5년 이상 강원도에 거주하는 40세 이상의 어머니 중에서, 가장 모범적이고 충효의례忠孝義禮의 전범을 갖춘 사람을 선발하여 수여하고 있다. 1975년부터 1987년까지는 대상과 예능상, 부덕상, 충부상 등으로 나누어 대상 12인, 예능상 8인, 부덕상 13인, 충부상 11인을 수상하였으나, 1988년부터는 대상 1인만 수여하고 있다. 이들은 1983년 5월 평창平昌에서 모여 모현회慕賢會를 결성하고 그 후 매년 2번의 정기 모임을 갖고 창의적인 여성상을 정립하는데 심혈을 기울이고 있다.

　1977년 11월 24일에는 사임당의 얼을 이어받아 나라와 겨레를 위하고 부모에 효도하는 여성들을 길러내기 위하여, 강원도 교육위원회는 주문진읍注文津邑 교항리橋項里 산 273번지에 사임당교육원을 준공하고 아울러 사임당 동상도 구내에 세웠다.

이후 1982년 강릉여자고등학교 42주년 졸업을 기념하여 강릉여자고등학교 총동창회는 교내에 사임당 좌상을 세워 그 얼을 기리고 있다.

이어 1984년 10월 26일에는 강원도 명주군 성산면 어흘리산 2-14, 해발 700미터의 대관령 중턱 강릉 시내가 한눈에 내려다보이는 곳에 사임당의 빛나는 얼을 기리고 그 뜻을 전하기 위해 신사임당 사친비思親碑가 세워졌다. 이 사친비는 평화통일정책자문회의 강릉명주지부협의회가 주관하고, 서울대학교 미술대학 권순향權純亨 교수가 의장意匠을 담당했다.

사친비에는 〈유대관령망친정시踰大關嶺望親庭詩〉의 원문과 번역문이 새겨져 있어 대관령을 넘나드는 길손들에게 효녀 사임당의 심정을 전해주고 있다.

녹여 낸 여인
정치를 문학 작품에

정치를 문학 작품에 녹여 낸 여인

# 여자의 눈으로 정치를 기록한
## 혜경궁 홍씨

　혜경궁惠慶宮 홍洪씨(헌경獻敬 왕후)는 정치에 관여한 기록을 남긴 거의 최초의 한국 여성일 것이다. 『한중록閑(恨)中錄』은 정치의 중심인 궁중이 자신의 삶터였던 여인이 남긴 글로서 당대의 정치 상황, 풍토 외에도 조선 여성의 이면사裏面史를 알게 해 준다는 점에서 사료적 가치 또한 풍부한 작품이다. 역사 기록으로써의 가치뿐만이 아니라 유려하고 우아한 문장으로 쓰여진 『한중록』에는 등장인물의 성격이 선명하게 드러나 있으며 이야기에 강렬한 박진감이 있어 한국 산문散文문학의 정수로 평가되기도 한다. 『한중록』은 순 한글로 자신의 파란만장한 일대기를 묘사한 작품으로서 『인현왕후전仁顯王后傳』과 함께 궁중문학의 쌍벽을 이룬다는 평가를 받는다.

그러나 이 책에 대해서 단지
자신이 남편인 사도思悼 세자의
죽음 때 수수방관했던 건 어쩔
수 없었다는 변명과 당시 역적으
로 몰려 있던 그녀 집안의 명예

혜경궁 홍씨가 지은 『한중록』

회복을 위한 발언 등으로 이루어진 단순한 변명에 지나지 않는다
는 극명하게 대비되는 평가 또한 존재한다.

『한중만록閑中漫錄』이라고도 하는 이 책은 6권 6책으로 이루어
져 있으며 현재 필사본으로 전한다. 혜경궁 홍씨는 회갑을 맞던
해인 1795년(정조 19)에 친정 조카 홍수영洪守榮의 소청으로 이 글
을 쓴다 하였고 그 후 67세, 68세, 71세 총 네 번에 걸쳐 쓴 네 편
의 글이 들어 있다. 이 중 회갑 때 쓴 첫 편은 비교적 한가로운 심
정에서 붓을 들었으나 나머지 3편은 아들인 정조가 승하한 직후
부터 쓴 것으로 11세의 나이로 즉위한 어린 왕 순조를 의식하였
기 때문에 다분히 정치적 색채가 농후하다.

필사본으로 국문본, 한문본, 국한문 혼용본 등의 14종이 있으
며 이 책을 한문으로 엮은 『읍혈록泣血錄』이 있다. 1947년에는 이
병기李秉岐의 주해본註解本이 나왔다. 1961년에는 이병기와 김동
욱金東旭이 교주校注한 『한듕록』을 한국고전문학 대계의 한 책으
로 수록하여 민중서관에서 발간하였으며 그 밖에 김동욱의 『한
중만록 주해』 등 여러 종류의 한문본과 한글본이 있다.

혜경궁 홍씨는 홍봉한洪鳳漢의 딸로 1735년(영조 11) 태어났다.

본관은 풍산豊山으로 홍봉한은 문벌 가문이었으나 번번이 과거에 낙방하여 벼슬길에 나가지 못하다가 홍씨가 세자빈에 간택됨으로써 영의정에 올랐다. 1744년(영조 20)에 홍씨가 10세의 나이로 사도 세자의 세자빈世子嬪에 책봉되자 홍봉한은 정권의 실세가 되어 노론

홍봉한 초상

의 영수가 되었고 혜경궁 홍씨는 노론의 한 중심축이 되었다.

하지만 사도 세자는 소론少論을 지지하였기 때문에 남편인 세자와는 정적의 관계가 되고 만다. 노론의 공격으로 1762년(영조 38) 세자가 뒤주에 갇혀 죽은 뒤 영조는 세자에게 사도思悼라는 시호를 내렸고, 홍씨는 혜빈惠嬪의 호를 받았다. 사도 세자에 반대하는 노론에 속해 있던 아버지인 영의정 홍봉한과 숙부 홍인한洪麟漢은 영조의 노여움을 살까 두려워 적극적으로 세자를 구명하지 않았다.

또한 혜경궁 홍씨는 자신의 친정이 속해 있던 당파인 노론과 비 외척 간의 파벌 싸움과 사도 세자의 노론에 대한 적개심 사이에서 어떤 선택도 하지 못했고, 이러한 상황에서 사도 세자는 뒤주에 갇혀 폭염 속에서 사경을 헤매다가 결국 뒤주에 갇힌 지 8일 뒤에 아사하고 만다. 일부에서는 혜경궁 홍씨를 남편을 구할 생각은 별로 없이 오로지 친가의 명예와 세손인 정조밖에 몰랐던 비정한 아내로 비판하기도 한다.

　1775년(영조 51)에 영조가 세손에게 대리청정을 명하자 홍인한은 극력 반대하였고, 세손의 외조부인 홍봉한도 소극적으로나마 반대하였다. 자신들이 죽인 사도 세자의 아들이 왕이 되면 자신들이 무사치 못할 것은 당연한 일이었기 때문이었다. 홍씨는 아버지와 숙부에게 대리청정을 반대하지 말아 줄 것을 간곡히 부탁하였지만 홍봉한 형제는 계속 영조 앞에서 세손을 음해하였고, 홍씨의 마음고생은 심했다고 한다.

　1776년 영조가 83세의 나이로 서거하자, 대리청정을 하던 세손 이산 李祘은 25세의 나이로 등극하니 바로 조선의 제22대 왕 정조이다. 정조는 아버지 사도 세자에게 장헌 莊獻이라는 시호를 올리고, 어머니 혜빈 홍씨의 궁호 宮號 역시 혜경 惠慶으로 오르게 된다. 당시 왕실에서 혜경궁 홍씨가 제일 연장자였으나 서열상 10살 아래인 영조의 계비 정순 貞純 왕후 김金씨가 대비의 자리를 차지하였고, 홍씨는 왕실 서열에서 두 번째의 위치에 이른다.

　그러나 홍씨의 불안한 삶은 여기에서 끝나지 않는다. 아버지의 죽음을 지켜 본 아들 정조가 즉위 후 사도 세자를 죽게 한 노론을 척결하기 시작한 것이다. 결국 왕후의 친정인 풍산 홍씨 가문은 몰락하고 만다.

　1800년에 정조가 죽자, 정조의 아들이자 혜경궁 홍씨의 손자인 순조가 왕위에 올랐다. 홍씨는 정조가 서거하고 15년 뒤인 1815년(순조 15) 8월 10일, 노환으로 앓아눕게 되었다. 나이 스물일곱에 과부가 되어 54년을 살아온 할머니 혜경궁 홍씨를 위해 순조는 어약청御藥廳을 마련하고 의관들을 상직시켜 치료케 하였다. 한편 홍씨가 아프기 시작한 며칠 뒤에는 서울 장안의 상공에 쟁반만한 불덩이가 나타나서 큰 소동이 빚어졌다. 백성들은 그렇게 큰 혜성이 나타났으므로 저마다 곧 난리가 나게 되는 것 아니냐며 불안해했고 어떤 사람들은 그것이 혜경궁 홍씨의 혼신魂神이 나가는 것이라고도 말하였다.

　결국 혜경궁 홍씨는 그해 12월 15일 신시辛時에 창덕궁昌慶宮 경춘전景春殿에서 81세를 일기로 생을 마감하였다. 홍씨는 이듬해 헌경獻敬이라는 시호를 받고 사도 세자가 묻힌 현재의 경기도 화성시에 위치한 현륭원顯隆園(융건릉隆健陵)에 합봉되었으며, 인근에는 아들 정조와 며느리인 효의孝懿 왕후의 능인 건릉健陵도 위치하고 있다. 1899년(고종 36) 고종에 의하여 장헌 세자가 장조莊祖로 추존되자, 홍씨도 함께 헌경 왕후로 추존되었고, 대한제국 성립 이후인 1903년에 장조가 장조의황제莊祖懿皇帝로 격상되자 그녀 역시 헌경의황후獻敬懿皇后로 격상되었다. 이때 현륭원의 명칭도 융릉隆陵으로 격상되었다.

사도 세자가 묻힌 융릉, 경기도 화성시

## 당쟁에 희생된 비운의 왕 사도 세자

사도세자는 1762년(영조 38) 5월 부왕인 영조에 의해 뒤주 속에 갇혀 질식사하였다. 이 사건은 노론파와 소인파의 정쟁政爭 사이에서 노론에 의해 세자가 희생된 것으로, 이 사건은 조선 후기 당쟁이 어느 정도로 심각하게 진행되었는지를 보여주는 결정적인 단면이라고 하겠다. 이는 탕평책이 추진되는 속에서도 심각한 국면을 드러내게 되었다.

영조는 정성貞聖 왕후 서徐씨와 계비 정순 왕후 김씨에게는 소생이 없었고 정빈靖嬪 이李씨 소생의 효장孝章 세자(진종眞宗)와 영

영조와 정순 왕후 김씨가 묻힌 쌍릉, 동구릉 내 원릉

정빈 이씨 묘소 수길원, 정빈 이씨는 영조의 후궁이며 진종의 사친이다.

빈暎嬪 이李씨 소생으로 사도 세자가 있었다. 영빈 이씨는 어려서 궁중에 들어가 귀인貴人이 되었으며, 1730년(영조 6) 영빈으로 봉해졌다. 영빈은 영조의 깊은 총애를 받았으며, 4명의 옹주를 낳은 뒤 1735년(영조 11) 원자를 출산하여 후사를 기다리던 영조를 크게 기쁘게 하였다고 한다.

효장 세자는 세자에 책봉되었으나 1728년(영조 4) 10세라는 어린 나이로 요절하고 만다. 따라서 대를 이를 유일한 아들인 사도 세자는 2세 때 왕세자로 책봉되고, 10세 때 혼인하여 곧 별궁에 거처하게 되었다.

사도 세자의 이름은 선愃, 자는 윤관允寬, 호는 의재毅齋로 그는 나면서부터 매우 영특하여 3세 때에 이미 부왕과 대신들 앞에서 『효경孝經』을 외우고 7세 때에는 『동몽선습童蒙先習』을 뗄 정도였다. 또한 글씨를 좋아해서 수시로 문자를 쓰고 시를 지어서 대신들에게 나누어주기도 하였다. 영특한 세자는 10세 때 이미 정치에 대한 안목을 갖기 시작하였고, 노론들이 처결한 신임사화

영조 후궁 영빈 이씨 사도 세자 생모의 묘 수경원, 서오릉

辛壬士禍를 비판하기도 했다.

　세자가 대리청정을 맡기 전까지는 영조와 성격상의 차이가 있기는 했지만 효심과 우애심이 두터웠고, 저군儲君으로서의 도량과 덕을 겸비하여 영조로부터 극찬을 받았다. 그러나 1749년에 부왕을 대신하여 서정庶政을 대리하게 되면서 문제가 생기기 시작한다. 사도 세자를 싫어하는 노론들과 이에 동조한 계비 정순왕후와 숙의淑儀 문文씨 등이 영조에게 그를 무고한 것이다.

　영조의 나이 마흔이 넘어 세자가 태어났고, 대를 이을 아들은 오직 사도 세자밖에 없었으므로 평소 과격한 성격의 영조는 수시로 세자를 불러 크게 꾸짖었으며 지나치게 관여하기 시작했다. 이를 견디지 못한 세자는 행동에 형평을 잃고, 비정상적인 성격을 드러내기 시작하더니 마침내 격간도동膈間挑動이라는 정신질환에 걸려 함부로 궁녀를 죽이고, 여승을 입궁시키며, 몰래 왕궁을 빠져나가 평양을 내왕하는 등 난행과 광태를 일삼았다.

　그러나 사도 세자는 자신의 정신 질환을 알고 있었고 이에 대해 장인과는 상의를 하기도 하였다. 사위의 증상에 대하여 홍봉한은

　"무엇이라 꼬집어 말할 수 없는, 병이 아닌 것 같은 병이 수시로 발작한다.(無可指之形무가지지형 非病而病비병이병 作歇無常작헐무상)"

고 하였다. 영조는 점차 사도 세자에게 국정을 맡길 수 없다는 생각을 굳히기에 이르렀으나, 이보다 부자간의 대립 관계가 표면화된 것은 영조가 병석에 있을 때의 일이다. 신하들이 세자에게 약

을 부왕에게 권할 것을 종용하였으나 세조는 이를 거절하였고 영조의 노여움을 사게 되었다. 이 일로 세자를 보좌하던 소론의 영수 이종성李宗城이 탄핵을 받아 조정에서 물러나게 되자 1761년(영조 37) 세자는 영조가 모르게 관서 지방을 순행하고 돌아왔다.

이에 윤재겸尹在謙 등은 상소하여 세자의 행동이 체통에서 벗어났다고 주장하였고, 영조는 세자의 관서 순행에 관여한 자들을 모두 파직시켜 버렸다.

영조가 세자를 참살하기로 마음을 굳힌 결정적 계기로 1762년(영조 38) 5월의 상소 사건을 들 수 있다. 노론인 정순 왕후의 아버지 김한구金漢耉와 그 일파인 홍계희洪啓禧, 윤급尹汲 등의 사주를 받은 나경언羅景彦이 세자의 비행 10조목을 상소한 것이다. 사도 세자의 실덕과 비행을 고발한 나경언의 무고 사건과 문소의文昭儀 등이 부자간의 사이를 멀게 하기 위해 벌인 이간책 등으로 영조의 마음은 세자에게서 완전히 떠나고 말았다.

영조는 사도 세자를 휘령전徽寧殿으로 불러 자결을 명하였으나 세자가 끝내 자결을 하지 않자 사도 세자를 폐하여 서인庶人으로 만들고, 뒤주에 가두었다. 영조는 세자와 영빈 이씨가 간청하였으나 마음을 바꾸지 않았고 뒤주에 갇힌 세자는 결국 8일 만에 죽고 말았다. 그러나 영조는 세자가 죽은 뒤 장례 때에는 친히 나아가 스

충남 서산시에 있는 김한구의 저택

스로 신주神主에 제주題主를 하면서 나라의 앞날을 위하여 내린 부득이한 조치였음을 알리고, 자신의 일을 후회하며 세자에게 사도思悼라는 시호를 내렸다.

아들을 죽음에까지 이르게 한 영조의 잔인한 결정은 결국 노소론의 당쟁에서 비롯되었다. 남인, 소론 등이 부왕 영조와 정치적 견해를 달리하는 세자를 앞세워 보수적인 노론 정권을 전복하려다가 실패한 사건이라고 할 것이다.

한편 영조는 1764년에 영빈 이씨가 죽자 매우 애통해하면서 후궁 제일의 예禮로 장례하게 하였고 1765년(영조 41) 시호로 의열義烈을 추증하면서 친히 선시지례宣諡之禮를 행하기도 하였다.

후대 사람들은 「사도세자」의 노래를 만들어 그의 혼을 달래주었다.

### 사도 세자

금이야 옥이야 태자로 봉한 몸이
뒤주 안에 죽는구나, 불쌍한 사도 세자.
꽃피는 청춘도 영화도 버리시고
흐느끼며 가실 때는 밤새들도 울었소.
궁성은 풍악과 가무로 즐거운 밤
뒤주 안이 웬 말이요, 원통한 사도 세자.
황금의 왕관도 사랑도 버리시고
억울하게 가실 때엔 가야금도 울었소.

## 세자의 죽음으로 영화를 누린 이들

김구주金龜柱는 정조 대의 척신戚臣으로 본관은 경주慶州, 자는 여범汝範, 호는 가암可菴이다. 오흥부원군鰲興府院君 김한구金漢耈의 아들로 1740년(영조 16) 태어났으며 영조의 계비인 정순 왕후의 오빠이다. 김구주는 동생이 계비에 오르자 20여 세에 음보蔭補로 벼슬에 올랐으며 1762년(영조 38) 김상로金尙魯, 홍계희 등과 사도 세자를 무고하여 죽게 하고 이듬해 문과에 급제하여 부수찬이 되었다. 이후 좌승지를 거쳐 공조참판에 이르렀다. 1767년(영조 43)에는 정후겸鄭厚謙과 함께 왕세손 정조의 외조부인 홍봉한을 공격하여 정조의 지위를 위협함으로써 노론 내에 시파時派와 벽파僻派의 당파가 싹트게 하였다. 벽파의 영수로 활동한 김구주는 1776년(정조 1) 홍인한, 정후겸과 결탁하여 정조를 해치려 한 사실이 드러나, 전라도 흑산도黑山島에 유배되었다가 다시 나주羅州로 이배되고 이듬해인 1786년(정조 10) 병사하였다.

경기도 여주군 가남면 심석리心石里 서편 구릉에 보면 초라해 보이기까지 하는 묘가 자리 잡고 있다. 김구주의 묘소로 그곳엔

김구주 묘소, 경기도 여주군

187

옛 석물이 단출하게 갖추어져 있으며 망주석의 대석臺石에는 운족雲足을 마련하였고 고석鼓石에는 둥근 고리 모양을 장식하였다. 묘표가 없지만 봉분 앞에 놓인 상석의 앞면에

    慶州 金公之墓 德水李氏 祔石 潘南朴氏 祔左丙向
    경주 김공지묘 덕수이씨 부석 반남박씨 부좌병향

이라고 각자刻字 되어 있다. 김구주는 평생 모두 2명의 부인과 혼인을 하였는데 첫 부인은 공조 좌랑을 지낸 이춘빈李春彬의 딸 덕수 이씨이고, 두 번째 부인은 박사경朴師經의 딸 반남 박씨이다.

김약로金若魯의 본관은 청풍淸風, 자는 이민而敏(또는 而民), 호는 만휴당晚休堂으로 1694년(숙종 20) 대제학 김유金楺의 아들로 태어났다. 1727년(영조 3) 증광 문과에 병과로 급제하여 승문원 정자가 되었고, 그 뒤『숙종실록』보충에 관해 잘못을 논하다가 유배당하였다. 그러나 이듬해에 석방되었으며 1731년(영조 7) 정언이 된 뒤 지평,

김약로 묘소, 경기도 과천시

교리, 수찬을 거쳐 1736년(영조 12) 승지, 1740년 개성 유수 등을 역임하였다. 또한 병조 참판과 예조 참판을 거쳐 1742년(영조 18) 평안도 관찰사가 되었으며, 1744년에는 공조 · 호조 · 병조의 판서가 되었다. 1746년 우참찬, 이듬해 판의금부사判義禁府事를 거

쳐 1749년(영조 25) 우의정, 그 뒤 좌의정에 이르렀다. 1752년 약방 도제조藥房都提調가 되었으나 사도 세자의 아들 의소懿昭 세손이 죽자 왕세손을 죽음에 이르게 한 책임으로 파직당하였다. 그러나 다시 판중추부사로 기용되었으며 한때 동생 김취로金取魯, 김상로金相魯와 함께 높은 관직에 있으면서 세도를 부리기도 하였다. 1753년(영조 29) 사망하였으며 시호는 충정忠正이다.

김약로의 묘소와 관련된 이야기가 전한다. 가자加資 우물의 유래 설명과 같이 어느 날 정조 임금은 이곳에서 맛좋은 물을 마시며 잠시 신하들과 대담을 하였다. 그러던 중 우물 위쪽 약 2백 미터 지점에 석물이 잘 갖추어진 묘소 한 기를 발견한 정조가 누구의 묘이냐고 물었으나 신하들이 아무 대답을 하지 못하였다. 신하들이 대답하기 매우 곤란한 입장이었으나 다시 하교한 정조의 물음에 피할 수 없어진 신하들은 사실대로 아뢰었다.

"사실은 말씀드리기 어려워서 불충을 저질렀나이다. 저기 저 무덤은 청풍 김씨 좌의정 김약로의 무덤이옵니다."

하니 정조는 즉시 용안을 붉히며 불편한 심기를 내비쳤고 잠시 뒤 내시에게 명하여 확인을 하고 오라 하였다. 사실을 알게 된 정

경기도 과천시에 있는 가자 우물(좌)과 명명 내역(우)

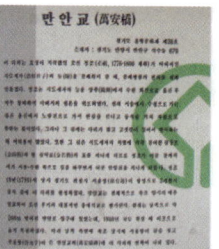

경기도 안양시에 있는 만안교(좌)와 그 설명문(우)

조는 신하들에게 이후부터는 이 길을 택하지 말고 조금 돌아가긴 하겠지만 시흥(현 금천)을 지나 안양과 의왕의 길을 택하라는 어명을 내렸다. 그리고 이 우물은 당상의 품계인 가자 우물로 명명하고 다시 찾지 않았다. 역사에는 세조가 본 법주사 행차시의 정2품 소나무도 있다.

그리고 안양으로 행차하려니 넓고 깊은 안양천이 가로막고 있어 불시에 조성한 것이 오늘날 안양 시내 만안구 석수동에 있는 만안교萬安橋로 이후 백성들이 편안히 내를 건널 수 있게 되었다.

김상로金尙魯는 1702년(숙종 28) 태어나 1721년(경종 1)에 진사가 되고 1734년(영조 10) 정시 문과에 병과로 급제하여 검열이 되었다. 곧, 지평이 되었으며 한림翰林 출신이라 하여 6품직에 승진하고 이후 응교가 되었다. 이듬해에는 정언과 교리를 역임하였으며, 1737년(영조 13) 경기도 양정어사良丁御史로 나갔다가 돌아와 부교리가 되었다. 이어 헌납, 이조 좌랑을 거쳐 1740년(영조 16) 도청 부사과都廳副司果가 되어 가자加資되고, 이어 대사간과 승지를 역임하였다. 1742년에는 강원도 감사로 나가 기근에 허덕이

는 백성들을 구제할 것을 상소하였으며 이듬해 대사성, 부제학이 되었다. 1744년(영조 20)에는 승지로서 무과에 폐단이 많음을 지적하고 엄격하게 시행할 것을 건의하였으며 같은 해 경상도 관찰사가 되어 도내의 사태로 인하여 죽음을 당한 사람들을 구휼할 것을 상소하여 허락받았다. 여러 관직을 거쳐 1752년(영조 28)에 우의정에 이르렀으나 이듬해 파직되었다. 그러나 1754년 좌의정에 올랐으며 1759년(영조 35)에는 영의정이 되어 말과 행동이 맞지 않는 사헌부 관리들은 교체시킬 것을 건의하였다. 김상로는 이듬해 개성 유수 남태제南泰齊가 재주와 견식이 있고 마음가짐이 공평한 것을 알고 승격시킬 것을 천거하였다.

1762년 사도 세자의 처벌에 적극 참여하여 영조의 동조를 얻었으나 왕은 이를 후회하고 그를 청주에 귀양 보냈다. 곧 특명으로 풀려나와 봉조하奉朝賀가 되었으나 죽은 뒤에, 정조가 즉위하자 관작이 추탈되었다. 다시 고종 때 신원되었다. 김상로의 사망한 해는 확실하지 않으며 시호는 익헌翼獻, 자는 경일景一, 호는 하계霞溪와 만하晩霞이다.

**홍봉한**洪鳳漢은 사도 세자의 장인이자 혜경궁 홍씨의 아버지, 정조의 외조부로 노론에 속하였다. 그는 1713년(숙종 39) 수재守齋 홍현보洪鉉輔의 아들로 태어났으며 영안위永安尉 홍주원洪柱元의 5세 손이자 좌의정 홍인한의 형이기도 하다. 1744(영조 20) 문과에 급제한 뒤 광주廣州 부윤을 비롯하여 어영대장으로 오랫동안 활동하였으며, 1754년(영조 30)에는 비국 당상備局堂上이 되어 청淸나라 인들이 애양책문靉陽柵門 밖에서 거주하는 할 수 있되 땅을 개간하는 것은 금지하였다. 우의정, 좌의정을 거쳐 1761년(영조 37) 영의정에 이르러 사도 세자의 죽음을 주도하여 파직되었다. 다시 좌의정이 되어 한양 밖에서 거주하는 이들에 대한 이동법移動

홍봉한 묘비, 경기도 고양시

法을 만들어 함부로 행동함을 금하였으며, 여러 가지 폐습과 관리의 협잡 등을 시정하는 한편 당파를 만들어 상대를 배척하는 관습의 제거와 군사의 보충, 독봉督捧의 폐해를 개혁하였다.

그러나 세자를 죽도록 결정한 영조가 뉘우치고 사도 세자에게 시호를 내리자 홍봉한은 표변하여 세자의 죽음을 초래하는데 일조한 김구주 일당을 탄핵하여 정권을 장악하였다. 그리고는 『수의편垂義篇』을 찬술하여 사건의 전말을 소상히 적고 정적인 벽파僻派 탄압에 이용하였다.

1768년(영조 44) 다시 영의정이 되어 울릉도의 사적을 널리 조사하여 책을 만들고 일본인들이 점유하지 못하도록 미리 막게 했다.

이후 영중추부사가 되었다가 한유韓鍮의 탄핵을 받고 사직하였으며 다시 봉조하奉朝賀가 되었으나 은신군恩信君 진禛과 은언군恩彦君 인裀의 사건으로 삭직되었으며 1772년(영조 48) 또다시 봉조하의 직을 받았다. 1778년(정조 2) 죽으니 정조는 부원군府院君의 장례에 준

하여 장사케 하고, 3년 동안 녹봉을 지급하게 하였으며, 1784년(정조 8) 시호를 내리고 제사하였다. 1843년(헌종 9) 체천遞遷 않는 은전을 베풀었다. 자는 익여翼汝, 호는 익익재翼翼齋, 시호는 익정翼靖이다.

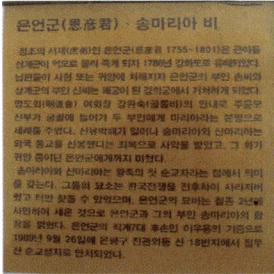

은언군 묘비 설명문. 용산 절두산

홍인한洪麟漢은 홍봉한의 동생으로 1722년(경종 2) 태어났다. 1753년(영조 29) 문과에 급제하여 삼사三司를 출입하고 2도道의 감사를 역임하였다. 1774년(영조 50)에는 우의정이 되었으며 이어 좌의정에 올랐다. 그는 외척의 권세를 미끼로 안으로는 정후겸 모자母子와 밖으로는 윤양후尹養厚, 홍지해洪趾海 등과 결탁하여 위세를 떨치는데 거리낌이 없었으며, 동궁東宮(왕세손, 후일 정조) 보호를 구실 삼아 군신君臣의 예에서 벗어난 일이 허다하여 동궁의 미움을 받았다. 이에 홍인한은 영조가 병석에 들자 세자의 섭정을 반대하였으나 마침내 정조가 즉위하게 되니 섬으로 유배당하여 1776년(영조 52) 죽었다. 자는 정여定汝이다.

홍국영洪國榮은 감사 홍창한洪昌漢의 손자이자 판돈녕부사 홍낙춘洪樂春의 아들로 1748년(영조 24) 태어났다. 1772년(영조 48) 25세에 급제하여 한림에 들어가 춘방설서春坊設書를 겸하였다. 이때 권신 정후겸과 홍인한 등이 왕세손인 정조를 위협하자 이를 막아 무사히 왕위에 오르게 하였다. 그 공으로 정조의 총애를 입어 도승지 겸 금위대장禁衛大將에 임명되어 모든 정사는 그를 거쳐 상주하게 하고 결재할 수 있도록 권한을 위임받았다. 한편, 자신의 누이를 정조에게 바쳐 원빈元嬪으로 삼게 한 홍국영은 세도정치를 하기 시작하여 국가의 대신, 원로부터 시작해 모든 관료들은 대궐에 들어가면 먼저 홍국영이 머무르는 숙위소宿位所에 들어가서 정치를 논의하였으며, 그의 위세는 왕을 모욕할 정도였다. 후궁으로 들어간 원빈이 1년 만에 병사하자 홍국영은 정조가 새로 빈을 맞아들이지 못하도록 극력 반대하며 왕제王弟인 은언군 인의 아들 담湛을 죽은 원빈의 양자로 삼아 완풍군完豊君이라 하고 세자로 책봉하여 정권을 장악하려는 계획을 세웠다. 또한 1780년(정조 4) 효의孝懿 왕후 김金씨가 원빈을 살해한 것으로 믿고 왕비의 음식에 독약을 넣은 일이 발각되기도 했다.

정조는 여론의 귀추와 김종수金鍾秀의 진언을 받아들여 홍국영의 벼슬을 빼앗고 가산을 적몰하였으며 강릉江陵으로 추방하였다. 홍국영은 그곳에서 1781년(정조 5) 33세의 나이로 병사하였다. 자는 덕로德老이며 실각할 때까지 도승지, 이조참의, 대제학, 이조참판, 대사헌 등을 역임하였다.

### 가문의 복권을 위한 정치적 입장을 밝히다

『한중록』은 혜경궁 홍씨 자신이 몸소 겪은 일생을 회고한 기록이지만 사도 세자의 참사 등을 중심으로 본인의 정치적 입장과

| 조선예학자계보朝鮮禮學者系譜 |

→ 후계자後繼者
→ 사숙私淑 또는 계통系統

## 1. 서인계西人系 (기호학파畿湖學派)

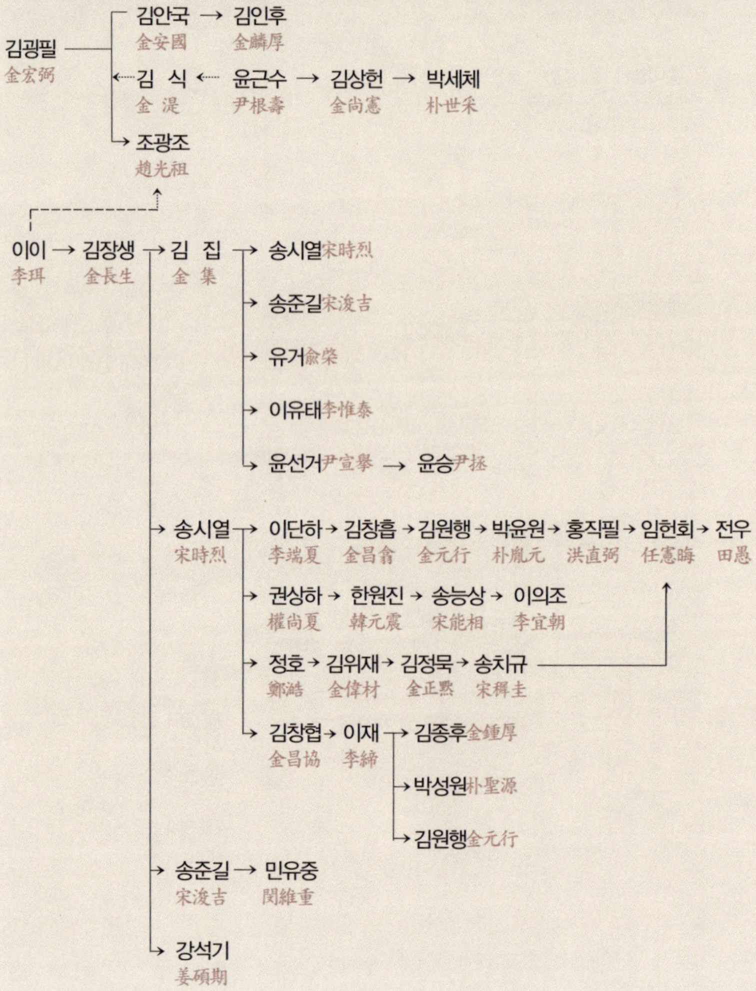

```
           ┌─ 김안국 → 김인후
           │  金安國    金麟厚
김굉필 ─┤
金宏弼   ├← 김 식 ← 윤근수 → 김상헌 → 박세채
           │  金 湜    尹根壽    金尚憲    朴世采
           └→ 조광조
              趙光祖
```

```
              ┌─────────────↑
이이 → 김장생 → 김 집 →┬ 송시열宋時烈
李珥    金長生    金 集  │
                        ├→ 송준길宋浚吉
                        │
                        ├→ 유거兪棨
                        │
                        ├→ 이유태李惟泰
                        │
                        └→ 윤선거尹宣擧 → 윤증尹拯
```

```
송시열 ┬→ 이단하 → 김창흡 → 김원행 → 박윤원 → 홍직필 → 임헌회 → 전우
宋時烈 │   李端夏    金昌翕    金元行    朴胤源    洪直弼    任憲晦    田愚
       │
       ├→ 권상하 → 한원진 → 송능상 → 이의조
       │   權尚夏    韓元震    宋能相    李宜朝
       │
       ├→ 정호 → 김위재 → 김정묵 → 송치규
       │   鄭澔    金偉材    金正黙    宋穉圭
       │
       └→ 김창협 → 이재 ┬→ 김종후金鍾厚
           金昌協    李縡 │
                         ├→ 박성원朴聖源
                         │
                         └→ 김원행金元行
```

```
송준길 → 민유중
宋浚吉    閔維重

강석기
姜碩期
```

## 2. 남인계南人系(영남학파嶺南學派)

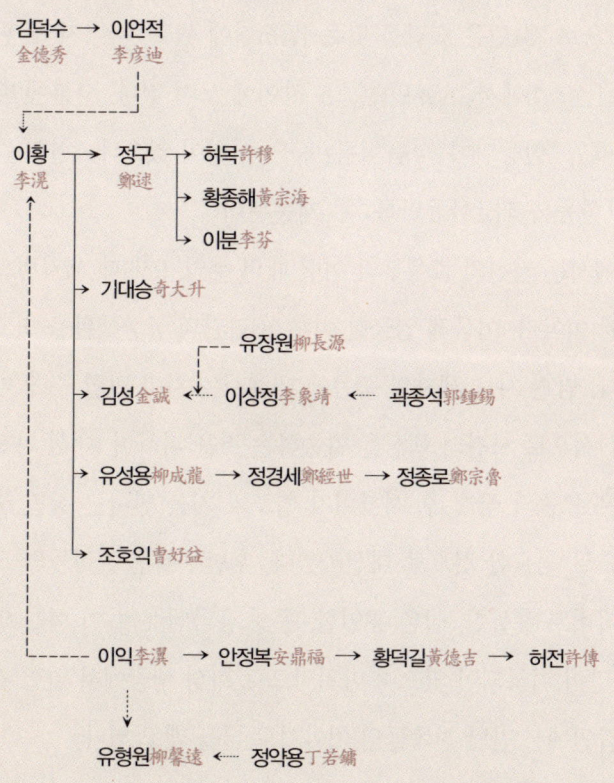

몰락한 친정 가문의 복권을 위한 목적도 다분하다.

혜경궁 홍씨는 자신의 부군夫君 사도 세자가 부왕父王인 영조에 의해 뒤주에 갇혀 죽은 참변을 주로 하여 공적 및 사적인 연루, 국가 종사宗社에 관한 당쟁의 복잡 미묘한 문제 등 여러 무서운 사건의 소용돌이 속에서 살아온 일생사를 기록하였다.

총 4편으로 제1편은 회갑을 맞은 1795년에 썼고, 나머지 세 편은 1801년(순조 1)에서 1805년(순조 5) 사이에 쓰여 졌다. 사본에 따라『한듕록』,『한듕만록』,『읍혈록』등의 이칭이 있으나 4편의 종합 본은『한듕록』과『한듕만록』두 계통뿐이다.

제1편에서는 자신의 출생부터 어릴 때의 추억, 9세 때 세자빈으로 간택된 이야기, 이듬해 입궁한 이후 50년간의 궁중생활을 회고하고 있다. 남편 사도 세자의 죽음에 대해서는 차마 말할 수 없다 하며 의식적으로 사건의 핵심을 기술하는 것을 피하며, 대신 자신의 외로운 모습과 장례 후 시아버지 영조와 처음 만나는 장면 등을 극적으로 서술한 것으로 대신하였다. 후반부에는 정적들의 모함으로 아버지 홍봉한, 삼촌 홍인한, 동생 홍낙임洪樂任이 화를 입게 된 전말이 기록되어 있으며 마지막으로 화성 행궁에서 열린 자신의 회갑연에서 만난 친족들의 이야기로 끝을 맺고 있다.

제2편은 1801년(순조 1) 5월 29일 동생 홍낙임이 천주교 신자라는 죄목으로 사사당한 뒤에 쓴 글로서 혜경궁 홍씨는 시누이 화완和緩 옹주의 이야기를 필두로 정조가 초년에 자신과 외가를 미워한 까닭은 이 옹주의 이간책 때문이라고 기록하였다. 또 친정

화완 옹주 묘소, 경기도 파주시

멸문의 치명타가 된 홍인한 사건의 배후에는 홍국영의 개인적인 원한이 더해진 것이라 하면서 홍국영의 전횡과 세도를 폭로하였다. 마지막으로 동생의 억울한 죽음을 슬퍼하며 홍낙임이 억울한 누명에서 벗어나는 날을 꼭 생전에 볼 수 있기를 하늘에 축원하며 끝맺는다.

제3편은 제2편을 쓴 다음 해에 쓰여진 것으로 주제는 동일하다. 혜경궁 홍씨는 13세인 손자 순조에게 자신의 소원을 풀어달라고 애원한다. 어머니에게 효성이 지극했던 정조의 이야기와, 말년에는 외가를 몰락토록 한 일을 뉘우치고 갑자년(1804)에는 외가에 내렸던 처분을 풀어주겠다는 언약을 하였다는 이야기를 서술하였다. 증거로 생전에 정조와 주고받은 대화를 인용하고 있다.

마지막 제4편은 사도 세자 참변에 대한 진상 폭로이다. '을축 4월 일'이라는 간기刊記가 있는데, 을축 년은 1805년(순조 5)으로 정순 왕후가 사망한 해로서

〈임술년에 초잡아 두었으나 미처 뵈지 못하였더니 조상의 어떤 일을 자손이 모르는 것이 망극한 일〉

이라는 서문이 있다. 또한 4편에서는 사도 세자의 죽음에 대해서도 밝히고 있다. 영조의 발길이 동궁에서 멀어진 이유로 선왕조의 나인內人으로 위세가 등등하였던 동궁 나인들과 세자의 생모인 영빈 이씨의 불화를 들고 있다. 때마침 영빈 이씨의 소생으로 영조가 끔찍이 사랑하던 화평和平 옹주가 죽게 되자, 영조는 실의에 잠겨 사도 세자에게 무관심해졌다는 기록도 있다. 이로 인해 세자는 공부에 태만하고 무예 놀이를 즐기기 시작했으며, 영조가 세자에게 대리청정을 시켰으나 성격 차이로 인해 둘의 관계가 틀어졌다는 것이다. 세자는 부왕이 무서워 공포증과 강박증에 시달렸고, 마침내는 살인까지 저지르는 등 자신의 삶을 제어하지 못하고 방탕한 생활을 하였다. 결국 1762년(영조 38) 5월 나경언의 고변과 영빈 이씨의 종용으로 영조는 세자를 뒤주에 가둬 절명하게 하였다고 기록하였다.

혜경궁 홍씨는 영조가 세자를 죽도록 처분한 것은 부득이한 일이었고, 뒤주에 가두는 착상은 영조에게서 나온 것이지 자신의 아버지 홍봉한의 생각이 아니라고 주장한다. 홍씨가 이에 대해 밝힌 것은 사도 세자를 죽음에 이르게 한 임오 화변壬午禍變 이후 노소당파가 찬반을 놓고 세자를 동정하는 시파時派와 사도 세자의 죽음의 원인을 인정하는 벽파僻派로 갈라져서 뒤주의 착상을 홍봉한이 제공하였다고 공격하였기 때문이다. 홍씨는 양쪽 의론에 대해 모두 반박하면서

"이 말하는 놈은 영조께 충절인가 세자께 충절인가."

라며 분노한다.

제1편은 혜경궁 홍씨가 친정 조카인 홍수영에게 내린 순수한 회고록이며 나머지 세 편은 순조에게 보일 목적으로 친정의 억울한 죄명의 자초지종을 파헤친 일종의 해명서라고 하겠다. 1770년(영조 46)에서 1778년(정조 2) 사이 정순 왕후의 친정 경주 김씨와 혜경궁 홍씨의 친정인 풍산 홍씨 가문이 정권 다툼을 벌여 홍씨의 친족들은 화를 당하였다. 한유의 상소로 아버지 홍봉한은 실각하고, 삼촌 홍인한과 동생 홍낙임이 사사되었는데 그 가장 핵심적인 이유는 홍봉한의 사도 세자 죽음에 관한 배후설이었다. 홍봉한은 당시 뒤주를 바쳤다는 혐의를 받았다. 제4편에서 혜경궁 홍씨가 궁중 비사祕史의 내막을 폭로한 것은 아버지의 결백을 증명하고, 명문가였던 자신의 친정에 대한 명예를 회복해야 한다는 죄책감과 책임감 때문으로 보인다.

『한중록』은 실제 역사의 기록이라는 점에서, 작가가 여성이었으며 더욱이 비빈妃嬪이었다는 사실에서 당대의 역사를 알 수 있는 보조 자료가 되고 있다. 또한, 이 작품은 여류 문학이자 궁중문학이라는 점에서 여성으로서 겪은 궁중 생활과 궁중 용어, 궁중의 풍속 등에 대한 보고라고 할 수 있다. 『한중록』은 소설만큼 사실적인 문장으로 박진감있게 전개 되고 있으며, 문체는 옛 귀인貴人들의 전아한 품위를 풍기며 경어 체의 아름다움을 보여준다. 혜경궁 홍씨를 비롯하여 등장 인물이 속한 전통적 여인상의 규범적인 전형을 볼 수 있다는 점 등에서 우리 고전문학의 백미라 할 만하다.

걸은 여인들
학문의 정도를

# 학문의 정도를 걸은 여인들

# 대학자와 어깨를 나란히 한
## 윤지당

윤지당允摯堂은 조선 시대의 여성 성리학자로 그녀가 남긴 글들은 대부분이 경전 연구와 성리학에 관한 논설 및 선대 유학자들에 대한 논평들로, 경전에 대한 조예와 성리학의 이해는 당시의 대학자와 견주어 손색이 없다. 그중에서 「이기 심성설理氣心性說」, 「인심 도심 사단 칠정설人心道心四端七情說」, 「예악설禮樂說」, 「극기복례 위인설克己復禮爲人說」 등의 논문은 율곡 이이에서 시작된 기호학파畿湖學派의 정통 성리학을 계승하고 있으며, 조선 후기의 관념 철학에 대한 높은 이해를 보여주고 있다.

기호학파는 조선 선조 이후 이이를 조종祖宗으로 하는 기호 지방(경기도와 충청도)의 성리학자들을 부르는 총칭이다. 여러 차례의 사화를 거치면서 조선 사회에는 학문의 정진과 정계政界를 두려

조헌 사당 우저서원, 경기도 김포

위하여 은둔 생활을 하는 현인賢人들이 많게 되었고, 학계는 침체되었다.

그러던 것이 명종 후기부터 학자들이 등용되면서 학계는 부흥되기 시작하였다. 서경덕徐敬德의 기일원론氣一元論과 기대승奇大升의 사단칠정四端七情 등의 학설의 영향을 받아 그것을 대정리한 것이 이기 일원론적理氣一元論的 이원론二元論이다. 이원론을 확립한 것은 율곡 이이로서 그를 중심으로 하여 사계沙溪 김장생金長生, 수몽守夢 정엽鄭曄, 동담東潭 한교韓嶠, 묵재默齋 이귀李貴, 중봉重峯 조헌趙憲, 추포秋浦 황신黃愼, 안방준安邦俊 등의 문인門人이 있다. 이이의 학통을 이은 김장생의 뒤로 우암尤庵 송시열宋時烈, 수암遂庵 권상하權尙夏에 이르는데, 이들은 모두 기호의 서인西人들이었으므로 이황을 중심으로 구성된 영남학파嶺南學派와 구별하여 기호학파라 한 것이다.

이들과 견주기에 충분한 윤지당의 작품이 『윤지당 유고』두 권으로 그녀가 사망한 뒤인 1796년(정조 20)에 막내 동생 임정주任靖

周와 시동생 신광우申光祐 등이 편집하여 간행하였다. 모두 35편으로 이루어진 이 책은 전傳, 논論, 발跋, 설說, 잠箴, 명銘, 찬贊, 제문祭文, 인引, 경의經義 등이 수록되어 있는 여류 문집으로 귀중한 책이다.

책의 발문에 보면 유고는 처음에 40편이었으나 줄여서 30편을 만들었다가 5편을 추가하여 35편으로 만들었다고 한다.

## 탁월한 식견으로 주위를 놀라게 하다

윤지당은 부친 임적任適이 양성 현감으로 부임하던 해인 1721년(경종 1) 태어났다. 참판 임의백任義伯의 현손녀이며, 어머니는 파평坡平 윤尹씨이고 증이조판서 윤부尹扶의 외손녀이다. 윤지당의 본관은 풍천豊川이며 윤지당은 당호堂號이다.

당호는 그녀의 오빠인 임성주任聖周가 지어준 것인데 '윤지允挚'는 태임太任과 태사太似를 독실이 신봉한다는 뜻이다. 이는 주자의 '윤신지允莘挚'라는 글귀에서 따온 말로 '신莘'은 문왕의 부인이었던 태사의 친정 고향이며 '지挚'는 문왕의 어머니인 태임의 친정 고향이다. 태임의 성씨가 임任씨였으므로 윤지당과 임성주는 더욱 친근감을 느꼈던 것으로 보인다. 신사임당의 호 또한 태임을 본받는 데서 나온 것처럼 태임은 당시 조선의 여인들에게 본받음을 받고 추구해야 할 인물로 여겨졌다.

아버지 임적은 1710년(숙종 3) 진사시에 합격하였고 1718년(숙종 44) 장녕전 참봉이 되고 이후 함흥 판관이 되었다. 임적 또한 본래 문장과 시에 뛰어났던 인물로 양성 현감으로 부인하던 1728년(영조 4) 44세의 나이로 사망하고 만다. 가장을 여읜 윤지당의 가족은 이듬해에 충청도 청주 근처의 옥화玉華라는 곳으로 이사하였다. 그녀의 나이 8세였다.

9세인 이때부터 오빠 임성주에게서 『효경孝經』, 『열녀전烈女傳』, 『소학小學』, 『대학大學』, 『논어論語』, 『맹자孟子』, 『주역周易』, 『중용中庸』 등의 유교 경전과 역사책을 배웠다. 5남 2녀였던 윤지당은 형제들과 경전과 사서 등을 강론하였는데 식견이 탁월하여 주위 사람들을 놀라게 하였다.

총명하고 부지런했던 윤지당은 효성 또한 지극하고 인정이 많았다. 17세 때에는 옥화에서 조상들의 선영이 있던 여주에 와서 살았는데, 동생 운호雲湖 임정주任靖周가 기록하기를

〈나이 열한 살 때 청주 옥화에서 여주로 이사 가 살게 되었다. 여주는 번화한 곳이어서 친구들이 밀고 당겨 나도 모르게 방자하게 되었다. 누님이 조용히 타이르시기를

"왜 방심한 마음을 거두지 아니하고 남들을 따라 다니면서 두레박처럼 오르락내리락 놀기만 하느냐."

하셨다. 내가 이 말씀을 듣고 깊이 뉘우치고 곧 마음을 바로 잡았다. 누님께서는 순순히 가르치시고 타이르는 성의가 간절하셔서 사람들을 감동시키기에 충분하셨다. 내가 지금까지 큰 죄를 면하게 된 것은 실상 우리 누님께서 그때 깨우쳐 주신 덕분이다.〉

하였다.

이재 초상

윤지당의 둘째 오빠로 10살 아래인 윤지당을 가르친 녹문鹿門 임성주는 성천 부사를 지낸 성리학자로 자신은 도암陶庵 이재李縡에게서 수학하였다. 그는 시호까지 받은 학자로서 1733년(영조 9) 사마시에 합격하고 1750년(영조 26) 세자익위사세마를 거쳐 시직侍直을 지냈다. 1758년(영조 34) 공주公州의 녹문鹿門에서 은거하기도 하였으며 1776년(영조 52) 사도 세자의 아들 정조가 즉위하자 임금의 부름에 따라 정조를 보도輔導하였다. 후일 지방관을 지내다가 다시 녹문으로 돌아와 학문을 하며 여생을 보냈다.

윤지당은 조선 성리학 6대가大家의 한 사람으로 일컬어질 정도의 학문적 깊이를 가졌으며 기원론氣元論을 발전시켰다. 임성주는 타고난 재질을 바탕으로 본인의 학식을 인정받음은 물론 여동생 윤지당 임씨를 사사하여 한 시대의 뛰어난 여류 작가로 탄생시키는데 많은 영향을 미쳤다. 이조판서에 추증된 임성주의 저서로 『녹문집鹿門集』이 있으며, 문경文敬이라는 호를 받았다.

임성주가 지은 『녹문집鹿門集』

윤지당은 19세인 1739년(영조 15) 원주의 선비 평산平山 신申씨 신광유申光裕와 혼인한 이후에도 학문에 대한 열정을 버리지 않았다.

　교양과 부덕婦德을 쌓아 한 치도 예의범절에 어긋나는 일이 없이 낮에는 당시 부녀자에게 중요시되는 덕목에 진력하고 밤이 깊어서야 소리 내지 않고 책을 읽어 공부하는 티를 조금도 내지 않았다고 한다. 가족들도 그녀가 정진하는 학문의 진취를 알지 못하였으나 경전에 대한 조예와 성리학의 이해는 당시의 대학자들에 견주어 손색이 없을 정도로 발전하였다.

　결혼 후 난산 끝에 아이를 하나 낳았으나 어려서 죽었고 그 후에는 자식을 갖지 못하였으며 혼인한 지 불과 8년만에 남편과 사별하였다. 28세 때 청상과부가 된 윤지당은 양가의 두 어머니를 모시면서 효성을 다하고 가정을 화목하게 이끌어 주위의 칭송을 받았다.

　일생 동안 존심 양성存心養性의 공을 쌓아 나태하거나 방심한 일이 없이 자신의 삶을 온전히 살아 내었다.

　독서와 저술에 평생을 힘쓰던 윤지당은 1793년(정조 17) 73세의 나이로 원주에서 죽었다. 임씨의 묘소는 『평산 신씨 족보』에는 정지안면 무지곡 뒷산 경좌로 있는 것으로 나타나 있고, 시동생인 신광조와 서조카인 신재승의 묘소도 함께 있다고 되어 있다. 현재는 원주시 호저면 무장리 고려대 마을에 있는 것으로 추정되고 있다.

### 평생 성리학에 정진한 그녀의 유고집

　『윤지당 유고』는 윤지당 임씨의 시문집으로 2권 1책의 목활자

본이 1796년(정조 20) 간행되었으며 서문은 없이 책의 마지막에 시동생 신광우와 동생 임정주의 발문이 있다. 상편에 전傳 2편, 논論 11편, 발跋 2편, 설設 6편, 하편에 잠箴 4편, 명銘 3편, 찬贊 1편, 인引 1편, 경의經義 2편, 부록 유사遺事 16조 등으로 구록되어 있다.

논 중 「논예양論豫讓」은 진晉나라 지백智伯의 신하 예양豫讓을 비판한 것으로, 지백의 잘못을 사전에 막지 못하고 나라가 망한 뒤에 원수를 갚으려고 한 것은 참된 의사義士가 아니라고 지적하고 사후의 복수는 사전에 예방하는 것만 못하다고 논하였다. 당시까지 예양의 충절을 높이 평가하던 사상과는 새로운 각도에서 조명한 것이다.

「논사마온공論司馬溫公」은 『자치통감資治通鑑』의 저자 사마광司馬光의 사관을 비판하고 『자치통감강목資治通鑑綱目』을 쓴 주희를 찬양한 논평인데, 비판 기준을 춘추春秋 시대의 대의大義에 두어 사마광이 삼국의 정통正統을 위魏로 한 것은 잘못된 것이며, 주희의 촉蜀이 정당하다고 주장한 글이다.

「인심 도심 사단 칠정설」은 성性과 심心의 관계를 설명한 것으로 성이란 마음에 갖추어진 이치이고 심이란 성에 붙어 있는 그릇이므로 둘이면서 하나라고 주장하였다. 심心과 이理, 이理와 기氣의 관계에서 변화불측한 것은 심心이고 변화불측하게 하는 것은 이理라고 설명하면서 심성의 분리설을 반대한 글이다.

이밖에도 심성에 관한 문답을 적은 「이기 심성설理氣心性說」이 있다. 또한『대학』7조와『중용』27조에 대한 경의經義 2편과「논안자소락論顏子所樂」,「안자호학찬顏子好學贊」,「심잠心箴」,「인잠忍箴」,「시습잠時習箴」등도 경전에 대한 조예를 보여준다. 또한 예양, 안자顏子, 자로子路, 가의賈誼, 이릉李陵, 사마광, 왕안석王安石 등 역사적 인물에 대한 예리한 논평을 남겼다.

성리학 연구에 참고 자료가 되는 윤지당의 저서『윤지당 유고』는 규장각도서와 고려대학교 도서관 등에 소장되어 있다.

## 남편과 학문을 나눈 정일당

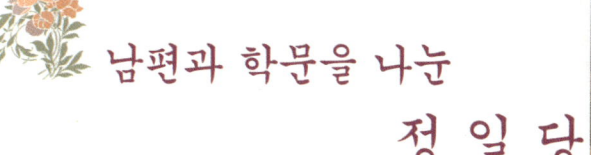

정일당靜一堂 강姜씨는 조선 후기의 여류 문인으로서 시문에 뛰어나 당시에 문명文名이 높았다. 정일당의 남편은 윤광연尹光演으로 사람들이 그에게 글을 청하면 정일당 강씨가 대신 지어주는 일이 많았다. 경사에 박통했던 이직보李直輔가 정일당의 시 한 수를 보고 칭찬을 아끼지 않았는데, 이 소문을 들은 정일당은 오히려 자신의 저술을 일체 남에게 보이지 않았다.

드러난 이유는 알 수 없지만 문중이나 남편을 벗어나 여성의 재능을 발휘하고 목소리를 내는 것을 부정적으로 보는 시각이 팽배했던 조선 후기 전반을 지배한 유교 사상에 큰 이유가 있었을 것은 분명하다.

하지만 정일당의 재능은 자신의 이름을 스스로 드러내지 않아

정일당 전경, 경기도 성남시

도 빛을 발하였으며 가정 또한 화목하게 이끄는 지혜를 발휘한 것으로 보인다. 1791년(정조 15) 20세에 윤광연에게 출가한 정일당은 집이 가난하여 바느질로 생계를 이으면서도 학문에 대한 애정을 버리지 않았으며, 남편을 도와 함께 공부하였다. 허난설헌과는 달리 부부간 금슬은 좋았으나 자식을 모두 잃은 슬픔을 가진 점은 같다. 정일당 강씨는 9남매를 낳았으나 모두 잃고, 양자를 두었다. 자식을 잃은 슬픔을 시로써 승화한 그녀의 시는 문사文辭의 수식보다는 고상한 심사를 있는 그대로 표현한 것들이 대부분이다.

   화려하게 치장하기보다는 담박함을 추구한 그녀의 성격을 나타낸 것으로 이는 정일당이 평생을 두고 정진한 성리학性理學과 연관이 있는 것으로 보인다. 성리학은 우주宇宙의 생성과 구조, 인간 심성心性의 근원, 사회에서의 인간의 자세 등에 관해 깊이 사색함을 추구한다. 이러한 성리학이라는 학문에 큰 영향을 받은 그녀는 평생에 걸쳐 정신 수양을 위해 정진하고 실제의 생활 속에서 실천하기 위해 노력하였다.

내면을 다스리고 근원을 추구하는 그녀의 노력이 시작詩作에도 영향을 미쳐 화려한 꾸밈을 지양하였을 것이다.

강희맹 집터, 서울 금천구

정일당 강씨는 강희맹姜希孟의 후손으로 본관은 진주晉州이며 1772년(영조 48) 아버지 강재수姜在洙와 어머니 안동安東 권權씨 서응瑞應의 딸 사이에서 태어났다. 정일당은 그녀의 호이다. 현 충청북도 제천시堤川市에서 태어난 그녀는 효성이 지극하였으며, 남을 배려하는 따뜻한 마음을 가졌다.

정일당은 어려서부터 학문을 좋아하여 경서經書에 두루 통하였으며, 서화書畫가 뛰어났음은 물론 경술經術에도 밝았다. 성리학의 영향 때문인지 시는 대개 학문 또는 수신修身에 관한 내용이 많으며, 시에는 도가道家의 기풍이 담겨 있다.

그녀는 또한 글씨에 능하여 사람들이 남편 윤광현에게 글을 청하면 대신 지어주는 일이 많았다. 홍의영洪儀泳, 권복인權復仁, 황운조黃運祚 등의 필법을 이어받아 특히 해서楷書를 잘 썼다.

저서로는 『정일당 유고遺稿』 1책이 있고 시문집 1책, 신연활자新鉛活字본, 1836년(헌종 2)에 간행된 초간본과 1926년에 간행된 중간본이 있다. 규장각도서관에는 필사본이 있으나 간행본과 편

차가 틀리다. 권두에는 윤제홍尹濟弘의 초간 서문과 김창석金昌碩의 중간 서문이 있고 말권에 송치규宋穉圭와 윤수경尹守慶의 초간 발문과 김석곤金晳坤의 중간 발문이 있다.

### 시어머니와 시로써 정을 주고받다

정일당은 시어머니 지일당只一堂 전全씨와 시로써 대화를 주고 받으며 서로를 이해하고 관계를 돈독히 한 것으로도 유명하다.

이는 정일당이나 남편 윤광현, 시어머니의 기본적인 천성과도 관계가 있을 것이나, 정일당과 윤광현이 함께 학문을 닦으며 추구한 성리학과도 관련이 깊을 것이다. 또한 윤광현을 길러낸 시어머니 지일당의 기품이 깊었기에 윤광현이 올바른 인품을 가진 어른으로 성장하였을 것이다. 내면을 다스리고 삶의 근원을 찾기 위해 성리학을 탐구하는 집안 분위기가 고부 관계에도 반영된 것으로 보인다.

1832년(순조 32) 사망한 정일당의 묘소는 경기도 성남시 수정구 금토동金兎洞 산75 청계산淸溪山 기슭에 부군 윤광연과 함께 합장되어 있다. 묘비도 하나 없이 전해 오던 것을 성남시에서 1986년 향토유적 제1호로 지정하고, 2000년 2월에는 파평坡平 윤尹씨 문중의 협조를 받아 사당과 묘지를 재조

정일당 부부 묘비

성하여 정일당의 지극한 효성과 그녀의 높은 뜻을 기리고 있다.

현재 청계산 기슭에 남향하여 있는 원형의 봉분은 길다란 용미龍尾와 활개를 갖추고 있으며 묘소의 크기는 높이 130센티미터, 동서 직경 250센티미터로 이루어져 있다. 묘역에는 아무런 석물石物이 갖추어져 있지 않아 단촐한 느낌이며, 다만 묘역 입구의 안내판을 통해 묘주墓主를 확인할 수 있다.

또한 정일당 강씨의 사당은 1989년 10월 파평 윤씨 종친회에서 경기도 성남시 수정구 금토동 661번지에 철근 콘크리트 건물로 조성하였으나 퇴락하여 1998년 7월, 성남시와 문중의 협조로 정면 3칸, 측면 2칸으로 다시 조성하였다. 또한 1992년 성남시에서는 정일당의 거룩한 인격과 숭고한 기풍을 기리기 위해 '강정일당 상'을 제정하여 매년 귀감이 되는 현대 여성에게 시상하고 있다. 사당은 금토동의 청계산 기슭에 동남향하고 있으며 박공博栱 지붕에 풍벽을 갖춘 익공계翼工系 양식의 건물이다. 사당

정일당사와 추모비, 경기도 성남시

내에는 위패를 모시고 있다.

### 정일당의 저서 『정일당 유고』

『정일당 유고』는 시 38수, 명銘 5편, 서書 10편, 기記 3편, 설說 1편, 제발題跋 2편, 묘지 명, 행장, 제문 각 3편, 잡저 1편, 부록으로 행장, 묘지명, 제문, 뇌문, 만장, 이시발二詩跋, 필첩발泌帖跋, 추만소발追挽小跋, 전傳, 찬撰 등으로 구성되어 있다.

이 중 시는 앞서 밝혔듯 대개 학문 또는 수신修身에 관한 것이 많은데 「원운原韻」은 늙어가는 자신을 생각하며 인생의 원리를 읊은 것이며, 「제석감음除夕感吟」에서는 51세가 되는 자신의 감회와 마음을 닦으며 남은 여생을 보내겠다는 신념을, 「성경음誠敬吟」에서는 수신의 도리를 표현하였다. 학문과 상관없는 정일당 강씨의 내면을 드러낸 시도 있는데 「청추선聽秋蟬」에서는 초가을 매미 소리를 들으며 심란한 여심을 읊고 있다.

서는 남편과 주고받은 서찰이 대부분이며 그밖에 남편을 위한 대작代作으로 송치규에게 보낸 별지가 있는데 심의深衣, 제주祭主, 초반秒飯 등에 관한 예설을 묻고 있다. 잡서 『사기록思嗜錄』은 11대 시할아버지로부터 시아버지까지 좋아하였던 음식을 적은 것들이다.

『정일당 유고』는 성균관대학교과 연세대학교 도서관 등에 소장되어 있으며 그녀의 시작으로 「야좌夜坐」, 「제석감除夕感」, 「청추선聽秋蟬」, 「경차존고지일당운敬次尊姑只一堂韻」 등 31수가 전한다.

내조의 능력을
발휘한 여인들

# 내조의 능력을 발휘한 여인들

# 동정월, 이기축을 출세시키다
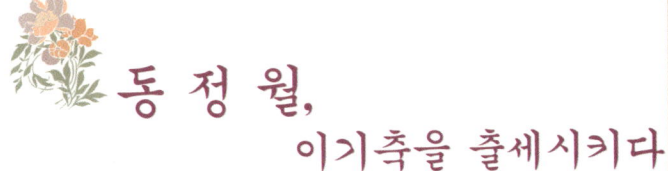

인조반정仁祖反正은 술집에서 모의되었다. 반정의 대사를 모의하던 사람들은 새문 밖 외떨어진 술집을 자주 드나들며 연락처이자 모의 장소로써 삼았고, 모든 일은 다 그곳에서 획책되었다. 새문 밖 술집의 주인은 이기축李起築이란 자로 어리석고 우악스러워 보이는 사나이였다. 종반宗班 이李씨 가문에서 태어났으나 조실부모하고 가세가 몹시 곤궁하여, 머슴살이를 하며 떠돌아다니던 처지였다.

이기축은 장가를 들었으나 아내가 일찍 죽어 초라한 홀아비 신세로 정착하지 못하였고, 다시 재취할 만한 처지가 못 되었기에 여기 저기 거처를 옮기며 지내고 있었다.

그러던 어느 날 이기축은 우연히 충청도 공주의 한 집안에서 밥을 얻어먹으며 일을 하는 머슴으로 들어갔다. 주인은 김씨였는데 농사가 많아서 재산이 많을 뿐 아니라 충청도 감영에 아전으로 다니는 토반이기도 했다. 한편 우씨라는 말도 전한다.

주인에게는 과년한 딸이 하나 있었는데 아름답거니와 재주도 많고 학식이 풍부하였으므로, 좋은 자리에서 많은 청혼이 들어왔다. 그런데 딸은 뜻밖에도,

"저는 다른 데로는 시집가지 않겠사옵니다. 꼭 우리 집 머슴이 서방과 혼인을 하겠사오니 허락해 주십시오."

하고 그야말로 말도 안 되는 소리를 하였다. 어이없는 딸의 고집에 부모는 불같이 호령하였으나 딸은 조금도 끄떡하지 않고 초지일관으로 같은 말을 할 뿐이었다. 그리하여 결국 그 딸과 이기축은 집에서 쫓겨나게 되었다.

둘은 마을을 떠나 서울로 올라가서는 새문 밖에 집을 얻어 물을 떠 놓고 성례를 하였다. 부부가 된 두 사람은 술장사를 하며 가정을 꾸리기 시작하였는데, 마침 반정을 모의하던 사람들에게 이 술집이 적합한 장소로 선택이 되었다. 그러자 기축의 부인 동정월洞庭月은 기다리기나 했다는 듯이 술과 안주를 내놓으며 은잔을 내어 술을 가득히 부어서는 능양군綾陽君(후일 인조仁祖)에게 먼저 올리고 차례로 술을 돌렸다. 술값을 내려하자 동정월은 뜻밖에도

"술값은 받지 않겠사오니 또 오십시오."

말하는 것이었다. 일동은 의아해 하였으나 그대로 돌아갔다.

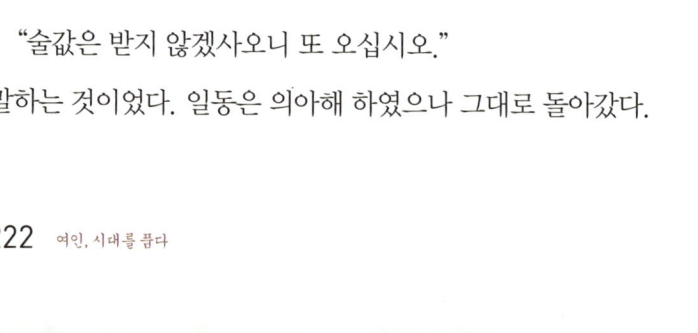

　그 이튿날 동정월은 문을 닫고 장사할 생각은 하지 않은 채 남편 이기축에게 『맹자孟子』를 내어 놓으며 말하였다.

　"여기 이 책의 대목을 어제 내가 은잔으로 술을 부어 맨 먼저 권해드리던 분에게 물어보세요. 어른의 집은 사직골에 있습니다. 나이는 젊으나 귀한 분이시니 그 댁 사랑에 들어가려 하면 하인들이 막을 것이옵니다. 막는다고 물러서지 말고 그들과 큰 소리로 다투면 그 어른이 나오실 것입니다. 절을 하고 이 대목을 꼭 가르쳐 주십사 하세요. 누가 시키더냐고 묻거든 아내가 그러더라고 대답하시고 물러가라거든 돌아오십시오."

　아무것도 모르는 이기축이 가서 아내가 시키는 대로 하였더니 능양군은 그를 들여보내라고 하였다.

　"그래 무엇 때문에 왔는고?"

　"글을 배우러 왔습니다."

　"아니 사십이 넘는 사람이 글을 배우다니 무슨 글을 배우려는 건가?"

　이에 이기축은 책을 펼쳐 동정월이 말한 대목을 손가락으로 짚었다. 그것은 탕왕湯王이 하걸夏桀을 내쫓고 주무왕周武王이 상주商紂를 쳤다는 대목이었다. 능양군은 어이가 없어 한동안 아무 말도 못하고 술집 사나이인 이기축의 얼굴만 바라보고 있었다.

　"누가 이걸 배워오라 하던가?"

　"소인의 아내이옵니다."

　"알았네. 그만 물러가게."

원두표 묘소, 경기도 여주

 이기축을 보내고 난 능양군은 매우 걱정이 되었다. 술값을 받지 않은 것부터가 의심스러운 일이었는데, 걸주를 내친 대목을 들고 와서 가르쳐 달라니……. 저녁이 되어 이귀李貴, 김자점金自點, 김류金瑬, 원두표元斗杓 등 일행이 다시 모이게 되자 능양군은 아침에 있었던 이기축과의 이야기를 털어 놓았다. 그러자 원두표는 흥분을 하며 주먹을 쥐고는

 "이것들을 그냥 두어서는 안 되겠습니다. 필시 우리들의 모의 내용을 눈치챈 모양이니 지금 처치해 버립시다."

 그 말에 일동은 찬성하였고 당장에 이기축의 술집으로 향했다. 급히 몰려든 그들 앞에서 동절월은 여전히 공손한 예로써 그들을 맞아들이고는, 애교 있는 웃음을 지으며 술과 안주를 차려내는 것이었다. 그리고 전날과 같이 은잔을 내어 능양군에게 먼저 술을 따랐다. 나머지 일행들은

 "이보게, 어제부터 저 어른에게는 은잔으로 술을 먼저 부어드리고 우리는 다른 잔으로 나중에 마시게 하니 그 무슨 층하를 하

는가?”

하며 투정을 부려 보았다. 이렇게 하여 조금이라도 틈이 생기면 요절을 내려는 수작이었지만, 동절월은 조금도 겁내는 기색이 없이 단정히 꿇어앉아 입을 열었다.

"소녀가 긴히 아뢰올 말씀이 있나이다. 소녀의 지아비는 나리와 동성同姓이옵고, 소녀 또한 평민의 자식은 아니옵니다. 여러 어른들께서 큰일을 도모하시는 줄 아오니 그러지 마시옵고 저의 지아비도 참여케 해 주십시오. 빼어난 재주는 없사오나 마음이 충직하고 힘이 역사力士이오니 여러 어른들의 일에 도움이 되올까 하옵니다."

동절월의 말에 모두들 놀라 한동안 아무 말도 못하고 있다가 원두표가 물었다.

"아니 대관절 무슨 수로 우리가 꾀하는 일을 알았단 말인가?"

"소녀가 자란 동네에는 술수에 신달한 처사 한 분이 살았사옵니다. 소녀는 어려서부터 그 처사를 스승님으로 모시고 여러 가지 술수를 배웠습니다. 천문과 지리 보는 법을 과히 모르는 바 없이 터득하였사오며, 스승님은 연전에 세상을 떠나셨사옵기로 그런 술수를 하는 사람이라고는 저 혼자만 남았습니다. 제가 천문을 본 즉 혼군昏君은 가옵고 어진 인군이 대신하실 천상이었나이다. 한편 소녀의 남편은 소녀 집의 머슴이었으나 상을 보매 귀히 될 상이었습니다. 하여 부모님의 뜻을 거역하면서 집을 나와 이곳으로 와 성례하고 술집을 차렸습니다. 그런데 이렇듯 여러 어

창의문

른들께서 오시니 한 시기가 된 듯하옵니다."

동정월의 말을 들은 일동은 감탄하여 곧 이기축을 동지로 하여 거사를 도모하기로 하였고 동시에, 이기축과 동정월의 술집을 아주 집합 장소로 쓰게 되었다.

인조반정의 거사를 하던 날, 이기축은 사촌 형인 장단長湍 부사 이서李曙와 함께 장단군 병력을 거느리고 선봉장으로서 창의문을 돌파하여 큰 공을 세웠다. 그 결과 공주 관찰사가 되고 벼슬이 판서에까지 올랐다. 원래 그는 이름조차 없이 기축己丑년에 낳았다 하여 기축己丑으로만 불리웠으나 인조가 기축의 한자음 중 다른 뜻을 찾아 기축起築이라는 이름까지 지어주게 되었다.

후일 일국에 드날리도록 하기까지는 오직 그 부인 동정월의 힘이 컸던 것이다. 동정월은 평양의 명기名技로 남편 이기축이 국가에 공을 세우도록 내조를 하였음을 왕으로부터 인정받았으며 정경부인貞敬夫人의 칭호를 받았다.

## 후일 만들어진 이기축에 대한 역사 기록

이기축은 효령孝寧 대군 보補의 7세손 수군절도사 완원군完原君 이경유李慶裕의 아들이며, 어머니는 옥구 현감 고언명高彦命의 딸이다. 본관은 전주全州로 1589년(선조 22) 태어났다. 앞서 밝혔듯 1623년(광해 15) 인조반정에 참여하여 세운 공으로 정사공신靖社功臣 3등에 책록되었다.

이기축의 종형 완풍군完豊君 이서 또한 당시 장단 부사로 있으면서 인목仁穆 대비의 유폐幽閉에 분개하여 반정을 모의하던 중이었다. 이서는 이기축보다 거사 모의에 늦게 참여하게 되었는데 이때 이기축은 능양군의 잠저潛邸와 이서가 있는 장단 사이를 매일 내왕하면서 거사擧事의 연락을 맡았다.

인조반정에서 세운 공으로 이서와 이기축 모두에게 정사공신 1등이 내려졌으나 이기축은 사양하였고 이에 정사공신 3등에 책

이서 묘비, 경기도 의정부

인조반정 정사 공신록, 창의문 내

록되었다고 한다.

일부 사전 기록을 보면 궁마(宮馬)로 단련한 뒤 1620년(광해 12) 무과에 급제하였고 이서가 장단 부사로 부임하자 함께 내려가 광해군의 실정을 개탄하여 반정을 사전 계획한 것으로 되어 있기도 하나 이는 사실과 다른 것으로 사료

신무문, 경복궁

된다. 그러나 동정월의 판단처럼 어릴 때부터 비범한 점이 있었음은 분명하다.

전해지는 또 다른 설화는 앞서 밝힌 이야기와 비슷하다. 이기축은 여관의 머슴으로 지내고 있었는데 이기축이 일하던 여관집 주인의 영특했던 딸은 시집갈 때가 되어 부모가 혼처를 구하자 반대하고 집의 머슴인 이기축에게 시집가겠다고 우기기 시작했다. 딸의 부모는 할 수 없이 이기축과 결혼은 시켰으나 약간의 돈을 마련해 주며 집을 떠나도록 하였고 이기축과 그 딸은 서울 장동(壯洞)에 집을 사서 술장사를 시작했다.

여관집 딸이 하루는 남편 이기축에게 사략(史略) 초권을 보이면서 은나라 탕왕의 신하인 이윤(伊尹)이 방탕한 임금 태갑을 추방하는 부분에 표시를 하고는 말하였다.

"신무문 밖에 가면 여러 사람들이 모여 있을 것입니다. 그 사

람들에게 이 부분의 뜻이 무엇인지 좀 가르쳐 달라고 하십시오."

이기축은 아내가 시키는 대로 신무문 밖으로 갔고 그곳에 8~9명이 모여 무엇을 의논하고 있기에, 책을 내밀고 아내가 말한 부분을 가르쳐 달라 했다.

책의 내용을 본 사람들은 누가 시켰느냐고 물었고 이기축은 사실대로 말하였다. 이에 그들은 이기축의 아내에게 가보자고 해 모두 함께 집으로 데리고 왔고 이기축의 아내는 그들을 반갑게 맞이하였다. 아내는 술과 안주를 대접하며 말하였다.

"저는 여러분들이 의논하고 있는 일을 압니다. 저의 남편은 무식하지만, 힘이 세어 쓸모가 있습니다. 함께 참가하게 해 일이 끝나고 녹봉을 받게 해 주십시오. 그리고 저의 집이 조용하고 또 술과 안주를 대접하겠으니, 모이는 장소로 이용해 주십시오."

신무문 밖에 모여 있던 이들은 바로 인조반정을 주도한 김류, 이귀 등이었다는 것이다.

인조반정 이후 이기축은 1629년(인조 7) 위원渭原 군수로 나갔다가 읍민이 인삼을 채취한 사건으로 파직되었으나, 곧이어 호위별장扈衛別將, 금군장禁軍將, 오위장五衛將, 군문천총별장軍門千摠別將 등을 지냈다. 그 뒤 1635년 삭주 부사로 승진하였으나 술 취한 것이 죄가 되어 결국 파직되었다.

1636년(인조 14) 병자호란丙子胡亂 때에는 다시 금군장으로서 남한산성으로 왕을 호종하였고 어영별장御營別將이 되어 남쪽의 성을 지켰다. 이때 자원 출전하여 적군 10여 명을 참획하기도 하는

정사공신 완계군 이기축과 정부인 단양 우씨의 묘소, 경기도 의정부시 고산동 산52번지

등 분전한 공으로 가선대부嘉善大夫로 승자하고 완계군完溪君에 봉하여졌다.

그러나 1637년 1월 28일 조선은 청과 굴욕적인 강화조약을 맺게 되고 이후 이기축은 볼모로 가는 세자를 호종하여 심양瀋陽에 갔다가 1639년(인조 17) 신병으로 돌아왔다. 1642년(인조 20) 당시 변방이 날로 위태롭자 자원하여 삼척 첨사로 나갔고, 1642년(인조 20)에는 장단 부사가 되었으나 사양하였다.

일부 사전 기록을 보면 이기축은 1639년(인조 17)에 연로한 아버지를 위해 삼척 첨사를 자원하고, 1642년(인조 20)에는 장단 부사가 되었으나 어머니의 병 때문에 사양하였다고 되어 있으나 이는 잘못된 것이다.

이와 같은 기록의 이유는 후일 높은 자리까지 오른 이기축이 살아 계신 부모 밑에서 올바른 교육을 받았음과 그의 효성을 강조하기 위해 가공된 것으로 보인다. 그러나 이기축이 고아로서 어렵게 성장하였으나 힘든 상황을 극복하고 나라의 큰 인물이 되

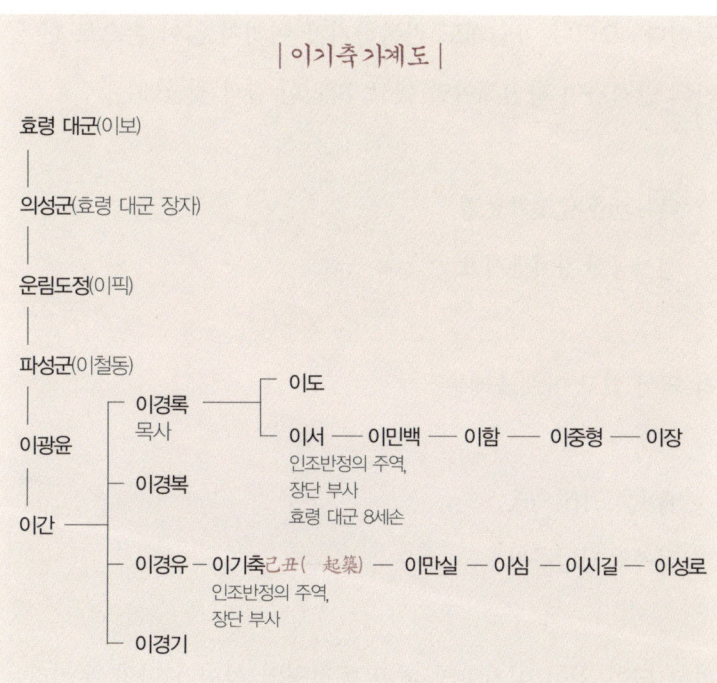

었다는 사실이 더 의미 있는 일이라 할 것이다.

큰일을 한 것에 걸맞게 이기축은 인품이 기개가 있고 의협심이 강하였으며 자신을 낮추며 항시 겸손한 인물이었다고 한다.

한성부 판윤에 추증되었으며, 시호는 양의襄毅, 자는 희열希說이다. 1645년(인조 23) 세상을 떠났으며 묘소는 경기도 의정부시 고산동 구성동(구성말)에 있다.

### 잘못 기록되는 역사

이기축과 부인 동정월의 묘소는 경기도 의정부시에 있는데 묘표나 묘비는 없고 아주 작은 상석에 몇 자를 기록해 놓은 것이 전

부이다. 그러나 아쉽게도 판독하기가 여의치 않아 손으로 한 글자씩 만져가며 확인해야만 했고, 확인한 결과 윗줄에는

靖社功臣 完溪君之墓
정사공신 완계군지묘

라 되어 있고 아랫줄에는

貞夫人 丹陽禹氏
정부인 단양우씨

라고 되어 있어 이기축의 배위 동정월의 성씨가 단양 우씨라는 확신을 주고 있다.

그런데 한 가지 밝히고 넘어가야 할 대목이 있다. 2004년 의정부문화원에서 발행한 『시정 40년사』와 2005년 의정부시와 세종대학교 박물관이 공동으로 제작한 「문화유적분포지도」에는 똑같이 이기축의 상석에 씌여진 글자를 잘못 적고 있다.

의정부문화원과 의정부시, 세종대학교 박물관이 조사하여 발행한 내용에는

靖社功臣 資憲大夫 完城公 李公起築墓 貞敬夫人 丹陽禹氏祔左
정사공신 자헌대부 완성공 이공기축묘 정경부인 단양우씨 부좌

라 기록되어 있다.

이렇게 공인된 관청인 의정부시청 담당자와 전문적인 조사단원들은 막대한 예산을 들여 만든 책자에서 많은 오류를 남겼는데 누굴 위해서 그리고 무엇을 위해서 조사하고 기록을 남긴 것인지 묻고 싶다.

조사위원 및 책임자는 정말 현장을 조사한 사실이 있는지 의문이며, 좀 더 행정 능력을 쌓은 뒤에 그 직책을 담당하여야 할 것이라고 주문하는 바이다. 필자의 나이 금년 66세의 초로에 접어드나 험준한 산등을 타면서 현장을 답사하는 이유는 정확하고 올바른 역사 기록을 남기고자 함이라는 것을 밝히고 싶다.

기록의 잘못된 부분은 수정되어야 할 것이다.

첫째, 완성공完城公은 잘못된 것으로 완계군完溪君으로 수정되어야 하며 둘째, 이기축이 한성부 판윤에 추증되었다면 증 한성부 판윤은 정2품관이므로 아내 동정월은 정경부인이 될 수 없는 일이다. 그러므로 정경부인은 증贈 정부인貞夫人이라고 해야 맞다. 마지막으로 기타 글자들은 흔적도 없으므로 나머지 기록들은 추상적으로 썼다고 봐야 하겠다.

### 인조반정에 함께 참여한 종형제 이서

이서는 효령 대군의 7세손 제주 목사 증 영의정 완녕부원군 이경록李慶祿의 아들로 1580년(선조 13) 태어났다. 1603년(선조 36) 무과에 급제하여 선전관을 시작으로 하여 진도 군수 등을 지냈으며 1618년(광해 10) 대북파에서 폐모론이 일어났을 때 정청庭請에 불참하였는데 무인으로서 정청에 불참한 사람은 이서뿐이었다.

　1622년(광해 14) 장단 부사로 경기 방어사를 겸하였고, 1623년 인조반정의 공으로 호조판서에 승진되고 정국공신 1등에 책록되었으며 완풍부원군完豊府院君에 봉해지고 호조판서에 보직되었다.

　이어 1624년(인조 2) 경기도 관찰사, 총융사摠戎使로 전임하고 다음 해에는 훈련도감에 재직하면서 해이한 군기를 확립하고 군량미를 비축하며 둔전을 설치하였다. 1624년(인조 2)에는 이괄李适의 반란이 일어나자 관찰사로서 부원수副元帥를 겸하여 적을 추격하여 송도松都에 이르렀다. 여러 사정으로 요해처에 웅거한 채 출전하지 못하여 탄핵을 받고 파직되었으나 곧 다시 서용되었다.

　1626년(인조 4)에는 수어사守禦使로서 왕에게 건의하여 남한산성을 수축하고 성 안에 무기와 군량미를 비축하였으며 삼혈총三穴銃과 조총鳥銃을 많이 제조하여 적의 침공에 대비하였다. 인조는 이서의 공을 높이 평가하여 경연經筵의 특진관特進官으로 삼아 국방 문제를 항상 상의하고는 하였다.

　1628년(인조 6) 병조판서에 오르고 형조판서를 거쳐 1632년에는 특명으로 공조판서가 되어 각처에 산성을 수축하고 청나라의 침입에 대비하였다. 1634년에는 판의금부사를 겸하였고, 1636년(인조 14) 병으로 일시 사직하였다가 곧 훈련도감 제조를 거쳐 병조판서로 기용되어 군비를 갖추는 데 힘썼다. 이해에 병자호란이 일어나자 어영제조御營提調로 왕을 호종하고 남한산성에 들어

가 북문을 지켰다. 이듬해인 1637년 (인조 15) 정월에 쇠약한 몸을 이끌고 적을 막다가 적군이 겹겹이 포위하고 항복을 재촉하는 가운데 향년 57세의 나이로 진중에서 순직하였다.

죽음에 임하여 자신의 사위 채유후蔡有後에게

"내가 한하는 바가 없으나 오직 능히 눈을 감지 못하는 것은 회계會稽의 수치이다."

하였다.

채유후 신도비, 경기도 구리시

이서는 산수算數에 능했고 독서를 즐겨 장서가 많았으며 글씨도 명필이었다. 효성 또한 지극하였다. 영의정에 추증되었고, 남한산성의 온조왕溫祚王 사당 숭열전崇烈殿과 인조의 묘정에 배향되었다. 이서의 자는 인숙仁叔, 호는 월봉月峰이며 시호는 충정忠正이며 묘소는 경기도 의정부시 고산동 송산에 있고 신도비는 오도일이 지었다. 이서의 저서로는 『화포식언해火砲式諺解』와 『마경언해馬經諺解』가 있다.

# 난봉꾼을 정승으로 만든 일타홍의 사랑

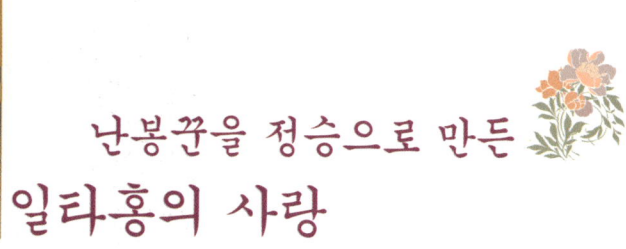

　조선 선조 때 금산錦山에서 태어난 일타홍一朶紅이 어떤 연유로 '한 떨기 꽃'이라는 기명妓名으로 기적에 오르고, 10대 후반에 한양으로 올라오게 되었는지는 알려져 있지 않다. 당대에 뛰어난 용모와 노래 솜씨 그리고 춤으로 이름을 날렸던 일타홍은 비록 노리개 신세였지만 그녀에게는 남다른 꿈이 있었다. 그것은 자신이 직접 벼슬길로 나아갈 수는 없었지만 기상이 크고 호방한 낭군을 만나서 자신은 이루지 못할 꿈을 대신하여 나라에 충성하고 백성들이 편안히 살 수 있도록 해주었으면 하는 간절한 바람이었다.

　총명하고 영리했던 일타홍은 미모까지 겸비한 당대의 명기로서 중요한 연회에는 빠지지 않고 불려 다녔다. 게다가 시문에도 밝고, 관상을 보는데도 뛰어나 여러 남자를 상대하면서 꿈에 맞

임꺽정 태생지, 경기도 양주시

는 낭군을 찾고 있었다.

그런 일타홍의 첫사랑은 이기주였다. 이기주는 같은 고향 사람으로서 어렸을 때부터 그녀와 친하게 지낸 사이로 서로 학문적, 정신적으로 유대가 깊었다. 그러나 그는 아쉽게도 임꺽정의 부하가 되어 황해도로 떠나 버렸고, 임꺽정이 잡혀 죽은 뒤 패잔병이 되어 산 속에 숨어 산적 노릇을 하던 중 결국은 관군에 의해 죽임을 당했다. 이기주는 일타홍의 가슴에 평생 잊지 못할 그리움을 남겼고, 그녀는 평생 사라지지 않는 그리움을 간직할 채 살아갈 수밖에 없었다.

일타홍이 권문세가의 노류장화路柳牆花가 되어 우울한 나날을 보내던 중 여느 때와 마찬가지로 세가인 이 판서의 잔칫집에 불려가 술 시중을 들고 있었다. 당대의 정승과 전직 대신들이 참가한 술자리가 자못 위엄스럽고 무거운 분위기가 감돌자 사이사이에 앉은 기생들이 흥을 돋우기 위해 노래도 부르고 춤도 추면서 대감들의 비위를 맞추었다.

차츰 취흥이 돌고 화기가 무르익어 갈 무렵 갑자기 난봉꾼 같은 젊은 남자가 술자리에 끼어들었다. 허락도 없이 음식을 마구 집어먹으며 술자리를 휘젓고 돌아다니자 점잖은 대감들의 얼굴에 노기가 가득했다.

그 난봉꾼은 어릴 때 아버지를 여의고 글공부라고는 아예 거들떠보지도 않던 심희수沈喜壽였다. 술과 여자, 먹을 것을 무척이나 밝히던 심희수는 상가 집이나 잔칫집 등 술을 마실 수 있는 자리가 생기면 으레 모습을 드러내고 멋대로 행동하기 일쑤였다. 사람들은 아예 반미치광이처럼 취급해 상대조차 하지 않고 슬슬 피하였다. 그렇지만 심희수는 사람들의 손가락질에도 전혀 아랑곳하지 않았다. 체면이라곤 모르는 사람처럼 뱃심 좋게 연회석에 나타나 그저 술과 안주를 꾸역꾸역 목구멍 안으로 밀어 넣고 하고 싶은 말은 다 토해낸 뒤 유유히 사라지곤 했던 것이다.

그러나 일타홍의 눈에는 심희수가 왠지 남다르게 보였다. 지금 하는 행동들은 자신의 본 모습을 바로 보지 못한 것일 뿐, 그의 얼굴에는 호탕한 기운이 서리고 눈에는 예기가 번뜩여 대뜸 재상의 재목감이었다. 일타홍의 가슴은 두근거리기 시작했다.

대감들이 둘러앉은 대청마루로 성큼 올라선 심희수는 기생들을 훑어 보더니 일타홍 옆으로 가 자리를 잡았다. 사람들이 따가운 눈총을 보내고 분위기가 어색해져도 그는 히죽이 웃을 뿐 아무런 상관을 하지 않았다. 일타홍 또한 심희수를 거절하지 않고 공손히 술을 한 잔 따르며 그를 유심히 지켜보았다. 술자리가 다시 화기애애해져 사람들이 심희수를 신경 쓰지 않게 되자, 일타홍은 조용히 심희수를 밖으로 끌어내 말하였다.

"술자리가 끝나면 집으로 찾아갈 터이니 기다리세요."

심덕부 묘소, 경기도 연천군

이렇듯 한심한 생활을 이어 나가던 심희수는 태조를 도와 조선을 건국한 개국공신 심덕부沈德符의 후손이자 대대로 높은 벼슬을 지낸 명문가의 후예였으며 정자正字 벼슬을 지낸 심건沈鍵의 아들이었다. 심덕부는 자가 득지得之로 태조가 수도를 한양으로 옮기고 궁궐과 종묘를 지을 때 공사를 총괄했던 정승이다. 그는 어찌나 열심히 일을 했던지 아들이 벼슬길에 오르자 터지고 갈라진 손을 내밀며 훈계했다.

"나는 손발이 부르트도록 열성을 다했다. 너희들도 벼슬살이를 편하게 할 생각은 말아라."

또한 심덕부는 20년 동안을 정승 자리에 있었지만 늘 가난한 살림으로

"나는 벼슬을 오래 했으니 누가 선물을 갖고 오면 절대 받지 말아라."

당부하였으며, 이와 같은 청망함으로 조정 대신의 존경을 한 몸에 받았다.

그러나 방약무인한 심희수는 권문가의 잔칫집에서 온갖 눈총과 구박을 받으며 음식을 얻어먹으며 세월을 보내고 있었던 것이다. 사람들은 그가 심덕부의 후손임을 잘 아는 터라 심하게 꾸짖지는 못하고 모두들 한심스럽다는 듯이 혀만 끌끌 차는 분위기였다.

잔치를 마친 저녁 무렵 일타홍은 약속대로 심희수의 집 대문을 들어섰다. 심희수와 그의 어머니 박朴씨에게 인사를 올린 그녀는 모친에게 자신의 생각을 밝혔다.

"마님! 저는 금산에서 올라온 지 얼마 되지 않는 기생 일타홍이옵니다. 오늘 어느 재상집 잔치에서 귀댁 공자를 뵈었습니다. 모두가 미쳤다고 하나 저의 소견으로는 장차 귀하게 될 상입니다. 그러나 지금 그 준비를 하지 않고 기운을 헛되게 낭비하면 훌륭한 기상이 무슨 소용이 있겠습니까? 만약 마님께서 허락해 주신다면 저는 오늘부터 화류계를 청산하고 이 댁에 들어와 온갖 힘을 다해 귀댁 도련님을 올바른 길로 인도하겠습니다."

이 말에 박씨는 깜짝 놀라 손사래를 치면서 말했다.

"내 아들을 사람으로 만들어 준다면 내 집에 들어오는 것을 어찌 막겠느냐. 그렇게만 해 준다면 그 은혜는 1백 년을 갚아도 모자랄 것이다. 다만 집이 가난하니 너같이 호강하던 애가 어찌 참고 견디겠느냐."

그러자 일타홍은 입술에 힘을 주고 말했다.

"마님! 저는 부귀와 영화를 탐내 이 댁에 오려고 하는 게 아닙니다. 만약 그럴 욕심이면 어찌 가난한 집 도련님을 유혹하겠습

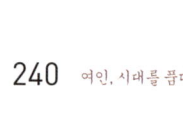

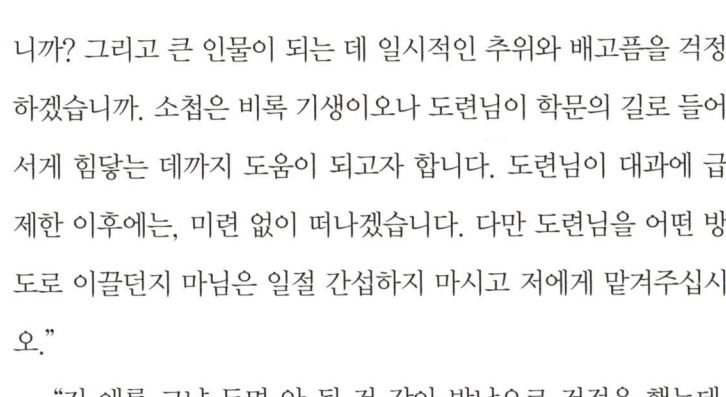

니까? 그리고 큰 인물이 되는 데 일시적인 추위와 배고픔을 걱정하겠습니까. 소첩은 비록 기생이오나 도련님이 학문의 길로 들어서게 힘닿는 데까지 도움이 되고자 합니다. 도련님이 대과에 급제한 이후에는, 미련 없이 떠나겠습니다. 다만 도련님을 어떤 방도로 이끌던지 마님은 일절 간섭하지 마시고 저에게 맡겨주십시오."

"저 애를 그냥 두면 안 될 것 같아 밤낮으로 걱정을 했는데, 그래도 복이 있는 놈인지 이런 귀인이 찾아와 주었구나."

아들을 포기한 상태였던 어머니 박씨는 일타홍을 기쁘게 맞이하였다. 그날로 일타홍은 심희수의 색시가 되어 한집안 식구가 되었다. 그날 밤 잠자리부터 요구하는 심희수를 일타홍은 단호하게 거절하며 사서오경四書五經을 내놓았다.

"소첩은 살다가 도망가는 일은 없을 것이니, 이 책을 1권씩 떼면 잠자리를 허락하겠습니다."

그러자 심희수는 일타홍을 차지하기 위해 그날부터 노수신盧守愼의 문하에 들어가서 열심히 공부를 하기 시작했다.

심희수는 워낙 머리가 비상했기에 공부를 시작한 지 2년도 안 되어 고금의 시서詩書를 모조리 통달하여 급제를 눈앞에 두게 되었다. 일타홍은 그런 그가 조금만 게으름을 피워도 엄하게 꾸짖었고 심희수의 글공부는 나날이 향상되었다.

그러나 타의에 의해 시작한 공부였기에 심희수는 다시 공부에서 손을 놓기 시작하였고, 일타홍은 심희수가 과거에 급제를 하면 돌아오겠다는 말을 남긴 채 떠나고 만다. 심희수는 뒤늦게 일타홍을 찾아 다녔으나 찾을 길이 없었고, 진심으로 마음을 다잡은 심희수는 공부에 정진하기 시작하였다. 몇 년의 세월이 흐른 뒤 마침내 심희수는 22세의 나이로 진사시에 합격하고 3년 뒤인 1572년(선조 5)에는 별시 문과에 급제해 심씨 집안에는 드디어 경사가 났다. 일타홍의 헌신적인 보살핌이 결실을 맺은 것이다.

## 등과의 기쁨도 잠시

대과에 급제한 심희수는 당시의 관례대로 삼일유가三日遊街[4]를 하던 중 달마 노인이라 불리는 어른의 집에서 드디어 일타홍과 재회를 하게 된다. 달마 노인은 조광조趙光祖 일파의 후예로서 산골에 묻혀 성리학에 심취해 살아가는 학자였는데, 그는 일타홍이 심희수의 집을 나와 갈 곳 없이 난처한 지경에 처

정암 조광조 초상, 경기도 용인시

해 있을 때 그녀의 거처를 마련해 준 고마운 노인이었다. 그는 심희수의 아버지인 승문원 정자 심건沈鍵의 친구로서, 일타홍은 심

---

[4] 삼일유가三日遊街: 과거에 급제한 사람이 사흘 동안 시험관과 선배 급제자, 친척을 방문하던 일.

희수가 등과 후 재상에게 인사를 드리러 올 것을 예견하고 미리 와 지내고 있었던 것이다.

오랜 이별 끝에 함께하게 된 둘은 집으로 돌아왔고, 주위 사람들은 일타홍의 뒷바라지 덕분이라며 모든 공을 그녀에게 돌리며 기뻐했다. 그러나 일타홍의 마음은 한없이 아팠다. 그녀는 천한 기생의 신분이라 숙명적으로 정실부인이 될 수 없었기 때문이었다. 낭군을 장가보내기로 결심을 한 일타홍은 입술을 깨물며 나직하게 말하였다.

"어머님! 부탁드릴 말씀이 있습니다. 다름이 아니오라 이제 아드님에게 마땅한 배필을 얻어주실 때가 되었습니다. 진작 말씀드리지 못한 것은 아드님 공부에 방해가 될 것 같아서였습니다. 저의 소원이니 꼭 들어주세요."

이 사실을 알게 된 심희수는 일타홍 외 다른 여인과는 부부의 연을 맺지 않겠다고 고집을 부렸으나, 사대부가 기생을 정실부인으로 삼는 것은 세상의 웃음거리가 될 뿐이라며 설득하는 일타홍의 뜻을 따라 양반집 규수 노극신盧克愼의 딸을 정실부인으로 맞이하게 되었다. 일타홍은 갓 들어온 새색시를 깍듯이 예우하여 일을 처리할 때도 부부간이나 외동서 간에 말다툼 한 번 없었다.

이 일은 마침내 선조의 귀에까지 들어가게 되었다. 너무나 아름다운 사랑에 감동한 임금은 친히 두 사람을 불러 그동안 있었던 일을 물었다. 당시 법도로 정경부인이 아닌 일개 천기 출신을 임금이 부른다는 것은 매우 드문 일이었다. 선조가 소원을 묻자 일타홍은 남편 심희수를 자신의 고향인 금산 군수로 제수해 줄 것을 청하였고, 임금은 기쁜 마음으로 윤허하였다.

심희수가 금산 군수로 부임하자 일타홍은 군수의 부실이 되어 금의환향하였다. 그녀는 옛집을 찾아가 부모님을 찾아뵙고, 사흘 동안이나 일가친척을 위로하며 잔치를 베풀어 금산 일대에 소문이 자자했다. 한편 일타홍은 공과 사를 엄격히 구별하여 친척들에게 관청은 여염집과 다르니 함부로 드나들지 말 것을 부탁하였다.

### 늙은 짐승의 눈물

심희수는 1548년(명종 3)생으로 노수신의 문하에 들어가서 글을 배우고, 1568년(선조 1)에는 성균관에 입학하여 이황李滉이 죽자 성균관 대표로 제사에 참여하였다. 1572년 별시 문과에 병과로 급제하여 승문원에 들어갔으나 헌납으로 재임하던 때인 1589년(선조 22) 휘몰아친 정치적 회오리는

퇴계 이황 초상

심희수의 벼슬길에 어두운 그림자를 드리웠다.

정여립鄭汝立의 옥사를 처리하며 억울한 사람이 많이 생겨나자, 심희수는 당시 재상 정철鄭澈의 집을 찾아가 강력히 항의했으나 정철은 그의 말에 도통 귀를 기울이지 않았다. 화가 난 심희수가 정철의 집을 나오다 마침 장운익張雲翼을 만나게 되자 정철의

처사가 못마땅함을 탓하며 이렇게 시를 읊었다.

　　白鷗沒浩蕩 백구몰호탕
　　萬里誰能馴 만리수능순

　　흰 갈매기가 나타나 거친 물결 일으키니
　　세상 그 누가 길들일까.

결국 이 시에 대한 소문이 퍼지자 심히 불쾌해진 정철은 심희수를 잠시 삼척 부사로 내몰았고 당시 틈을 내어 강원도 양양襄陽을 찾아간 심희수는 청간정淸澗亭과 해당주를 돌아보며 자신의 심정을 시로써 나타냈다.

충북 진천에 있는 송강 정철 묘소

淸澗亭前細雨收 청간정전세우수
斜陽馱歸海棠洲 사양타귀해당주
沙鳴乍止方開眼 사오사지방개안
身在襄陽百尺樓 신재양양백척루

청간정 다락 앞에 보슬비가 멎어
석양에 말을 타고 해당으로 돌아가네.
모래 바람 잠시 멎어 눈을 떠 보니
몸은 어느새 양양의 높은 다락에 있네.

이후 심희수는 호당湖堂을 거쳐 1591년 응교應敎로서 동래東萊에서 일본 사신을 맞았으며 선위사를 거쳐 간관으로서 수차 직언을 하다가 선조의 비위에 거슬려 사성司成으로 전임되기도 하였다. 심희수는 특히 정치가로서 외교 면에서 빛나는 업적을 남겼는데, 임진왜란 때에는 도승지가 되어 유창한 중국어로 명나라 장수 이여송李汝松을 영접했다. 또한 왕을 의주로 모시는 임무를 수행하였으며 한양으로 돌아온 심희수는 대사헌, 형조판서, 호조판서를 거쳐 한때 접반사로 명나라 사신을 맞이했다. 1599년(선조 32)에는 이조판서와 홍문관·예문관의 대제학을 겸하였고 1606년(선조 39)에는 좌의정에 임명되었으며 청백리에 녹선되었다.

일타홍은 심희수가 비굴하지 않게 떳떳한 삶을 살도록 곁에서 줄기차게 조언했기에, 그는 선조가 죽고 광해군光海君이 즉위하

임해군 묘소, 경기도 남양주시

면서 이이첨李爾瞻 등이 국권을 좌지우지하며 임해군臨海君을 해하려 할 때 그 부당함을 담대히 상소할 수 있었다. 이어 탄핵을 받는 처지에 이르러서도 일타홍을 실망시키지 않고 자신의 뜻을 결코 굽히지 않았다.

그러나 광해군이 등극한 뒤 권신 이이첨이 정권을 장악하자 심희수는 병을 핑계 삼아 벼슬을 사직했으나 오히려 우의정에 전임되었다. 그러나 한 나라의 정승으로서 영창永昌 대군이 강화도로 위리 안치되는 것을 막지 못하자 옷깃을 적시도록 울며 말했다.

"늙은 신하가 일찍 죽지 못한 것이 한스럽다."

이를 지켜본 모든 이들이 그의 충정에 탄복했다 한다. 그 후 1614년(광해 6) 정온鄭蘊이 영창 대군의 억울한 죽음을 상소했다가 오히려 간신의 모함으로 역적에 몰리자 심희수는 죽음을 무릅쓰고 간청해 그를 죽음에서 구하고 유배에 그치도록 하였다. 또한

난봉꾼을 정승으로 만든 일타홍의 사랑 247

일타홍 금산 이씨 지단

1616년(광해 8) 명나라에 사신으로 갔다 온 허균 일파와의 논쟁에서 인목仁穆 대비를 폐하고 서인西人을 삼자는 논의가 있자 심희수는 벼슬을 버리고 둔산屯山에 은둔하면서 스스로를 '수뢰누인水雷累人'이라 칭하며 몸을 숨기고 독서와 시로 소일하였다. 한편 수뢰누인은 주역周易에 나오는 괘卦로 '둔屯'은 머무른다는 뜻이니, 곧 추운 겨울에 봄이 오기를 기다리듯 때를 기다리는 사람이라는 뜻이었다.

### 빗속의 꽃상여는 구슬프게 떠나가고

일타홍은 행복한 나날을 보냈지만 소실인 자신의 처지가 비참하기도 하고 또 남편을 오랫동안 차지한 것이 정실부인에게 죄스러워 자살을 결심하기에 이른다.

일타홍은 일단 마음을 굳히자 주마등처럼 스쳐가는 지난날 삶의 회한이 사무쳐 와 달을 보며 시를 한 수 읊었다.

亭亭新月最分明 정정신월최분명
一片金光萬古情 일편금광만고정
無限世間今夜望 무한세간금야망
百年憂樂幾人生 백년우락기인생

새로 뜬 달은 밝기도 하니
한 줄기 빛에 만고의 정이 실려 있네.
예나 지금이나 온 누리를 밝히는데
백 년의 즐거움과 슬픔은 몇 번이나 누릴까.

일타홍은 결국 사랑하는 사람을 남겨둔 채 마지막 유언을 남기고는 저 세상으로 떠나갔다.

"서방님! 오늘로써 이별코자 합니다. 원컨대 귀한 몸이니 오래도록 부귀를 누리시고 소첩 때문에 마음을 쓰지 마십시오. 그리고 소첩의 몸은 심씨 선산에 묻어주시오."

뜻밖의 일을 당한 심희수는 텅 빈 가슴을 달래면서 며칠을 슬피 울다가 일타홍을 자신의 선산인 경기도 고양군 원당면 원흥리에 묻기로 결정하였다.

일타홍을 실은 꽃상여가 금강에 이르자 홀연 가을비가 소소하게 내려 사람들의 마음을 한없이 구슬프게 했다고 한다.

一朶紅葩載輀車 일타홍파재이차
芳魂何事去躊躇 방혼하사거주저
錦江秋雨丹旌濕 금강추우단정습
疑是佳人別淚餘 응시가인별루여

한 떨기 고운 꽃이 버들 수레에 실려
향기로운 혼이 가는 곳 더디기만 하네.
금강에 가을비 내려 붉은 명정 적시니
그리운 내 임의 눈물인가 보다.

위는 심희수의 문집에 실린 글이며 일타홍의 비석에는 위 두 행의 한자가 조금 달라 비교를 위하여 싣는다.

一朶芙蓉載輀車 일타부용재이차
香魂何事去躊躇 향혼하사거주저

심희수는 주체할 수 없는 슬픔에 휩싸여 통곡하면서 시 한 수를 남겼고, 다시 한 번 비문을 손으로 닦으며 살펴보았다. 격한 슬픔으로 심희수 또한 이곳에 더 이상 머물 수가 없었는지 비문에도 '심 정승이 못내 떠난 것이 아쉽다' 라는 글귀를 새겨 넣었다.
일타홍이 태어나고 심희수가 군수로 지냈던 금산의 향교에는

금산에 있는 심희수 거사비 전면(좌)과 측면(우)

〈전 군수 심정승 희수 거사비前郡守沈政丞喜壽去思碑〉가 있다. 높은 기단 위의 삼주문이 위엄을 더해주는 이 향교는 임진왜란 때 소실되었다가 1684년(숙종 10)에 다시 건립되었으며 정면에 명륜당, 뒤쪽에는 대성전을 두었으며 문묘文廟에 대한 배향과 지방 교육을 담당했었다.

향교 입구에 마치 만조백관이 시립한 듯 양쪽으로 서 있는 비석 가운데 심희수의 거사비가 서 있다. 화강암 비신에 반달 모양의 옥개석을 얹은 4백 년을 바라보는 이 비는 풍상에 심하게 마모되어 검은 이끼로 덮여 있으나 건달이었던 심희수를 정승으로 만든 기생 일타홍의 애절한 사랑이 간직된 비이다.

금산에는 대성산大聖山과 대둔산大屯山이 우뚝 솟아 예로부터 사방이 막히고 길이 험하여 가장 궁벽한 곳으로 소문이 났다. 백제 시대에는 진내군進乃郡으로, 고려 때는 금주錦州로 불리다가 조선 태종太宗 때 지금의 이름인 금산으로 부르게 되었다. 이곳에 있는 대둔산은 산세가 깊고 아름다워 많은 사람들이 즐겨 찾는 곳으

금산의 칠백의총

일타홍 단비 후면의 유시와 만장시

로서 배티(이치梨峙) 고개는 전라북도 완주 땅과 경계를 이루는 교통의 요지로 임진왜란 때 왜군을 물리친 전승비 이치대첩비梨峙大捷碑와 칠백의총이 있는 곳이다.

금산 향교를 찾아 가 달구경을 하면 일타홍의 마음을 느껴볼 수 있을까. 그녀가 남긴 유시를 소개한다.

### 賞月 상월

靜靜新月最分明　정정신월최분명
一片金光萬古情(淸)　일편금광만고정
無限世界(間)今夜望　무한세계금야망
百年憂樂幾人情　백년우락기인정

우뚝 솟은 초승달 오늘 따라 밝고

한 조각 달빛 만고에 정다워라.

넓고넓은 세상 오늘 밤 달을 보며

백년의 슬픔과 즐거움 느끼는 이 몇일까.

심희수 묘소 안내석, 경기도 고양시

한편 심희수는 험난한 벼슬살이를 겪으며 우의정을 거쳐 1620년(광해 12)에는 판중추부사判中樞府事에 임명되었으나 이미 늙고 벼슬에 뜻이 없어 둔지산屯之山으로 들어가 독서와 시로 소일하면서 스스로 몸과 마음을 닦아 청렴결백한 생활을 했다. 심희수의 문장은 고아高雅하다는 평을 들었으며 글씨에도 뛰어났다고 한다.

심희수의 본관은 청송青松이며, 자는 백구伯懼, 호는 일송一松, 수뢰누인水雷累人이며 시호는 문정文貞이다. 심희수의 저서로 『일송문집一松文集』이 있으며 세상을 떠난 해는 1622년(광해 14)이다.

### 심희수의 선조, 조선 개국공신 심덕부

청송青松 심沈씨의 시조는 문림랑위위시승文林郎衛尉寺丞 심홍부沈洪孚이며, 시조의 증손은 심덕부沈德符로 조선 개국공신이다. 심덕부는 1328년(고려 충숙 15)에 전리 정랑典理正郎 심용沈龍의

심희수의 시조 심홍부 묘소. 경북 청송군

아들로 태어났다. 고려 충숙왕忠肅王 복위년 말에 음직蔭職으로 사온직장동정司醞直長同正에 출사한 이후 좌우위녹사左右衛錄事를 거쳐 1364년(고려 공민 13) 수원부水原府의 수령이 되었다. 공민왕恭愍王 말년에 판위위시사判衛尉寺事, 우왕禑王 즉위 후 우상시右常寺를 거쳐 1375년(고려 우왕 1)에 예의판서禮儀判書에 승직되었고, 이어 밀직부사 상의회의도감사商議會議都監事와 강계江界 도만호都萬戶, 의주義州 부원수副元帥, 서해도西海道 원수元帥 등의 요직을 거쳤다. 1378년(우왕 4) 밀직사로 재임하면서 정조사正朝使가 되어 명나라에 다녀온 뒤 지문하부사知門下府事로서 서해도 원수를 겸하여 여러 차례 왜구 토벌에 공을 세웠는데, 특히 1380년 도원수 나세羅世와 함께 최무선崔茂宣이 제조한 화포를 처음 실전에 사용하여 큰 승리를 거두었다.

　1385년(우왕 11) 문하찬성사門下贊成事로서 동북면東北面 상원수上元帥를 겸하여 북청北靑에 침략한 왜구를 토벌하는 등 이성계李

成桂와 함께 동북면의 왜구를 토벌하는 데 공을 세웠다. 같은 해 겨울에는 하정사賀正使로서 명나라에 다녀왔고, 귀국 후에 청성부원군靑城府院君에 봉해졌다. 1388년(우왕 14)의 요동 출병 때에는 서경도西京都 원수로서 조민수曺敏修와 함께 좌군에 속하여 이성계의 위화도회군威化島回軍을 도와주었다.

또한 창왕昌王을 폐하고 공양왕恭讓王을 세우는 폐가입진廢假立眞에는 이성계, 정도전鄭道傳, 정몽주鄭夢周와 더불어 주도적인 구실을 하여 이른바 아홉 공신 중의 한 사람이 되었고, 공양왕 즉위 직후에 문하좌시중 경기좌우도 평양도통사門下左侍中京畿左右道平壤都統使에 올랐으며, 이듬해에 청성군충의백靑城君忠義伯에 봉해졌다.

그러나 같은 해 말에 비어飛語에 따른 무고로 인하여 일시 황해도 토산兎山에 유배되었다가 1391년(공양 3) 문하좌시중에 복직되었고, 하정사인 왕세자 석奭의 종사관으로 명나라에 다녀온 뒤 이성계, 정몽주와 함께 안사공신安社功臣이 되었다. 1392년 판문하부사判門下府事로 조선의 개국을 맞아, 1393년(태조 2) 회군공신回軍功臣 1등에 추록되며 청성백靑城伯에 봉하여졌다. 1397년(태조 6) 판문하부사, 이듬해에 영삼사사領三司事를 거쳐 72세 때인 1399년(정종 1)에 좌의정이 되었다가 이듬해에 치사하였다.

심덕부는 고려 말 정치 제도의 개혁과 왜구 토벌에 업적을 남겼는데, 공양왕 때에 관찰사제를 폐지하고 안렴사제按廉使制를 부활하였으며, 제사諸司의 서무를 도당都堂에 직접 보고하게 한 것

등을 들 수 있겠다. 조선왕조 개국 후에는 신왕조 건설의 일익을 담당하였는데, 1394년(태조 3)에는 신도궁궐조성도감新都宮闕造成都監의 판사가 되어 한양의 궁실과 종묘를 영건營建하는 일의 총책임을 맡아 신도 건설에 큰 구실을 하였다.

### 후손에게 재물과 식록이 끊이지 않는 심덕부의 묏자리

풍수학이 전성기를 이루던 조선 시대 명인들의 묘가 모두 그러하듯 여기 청성백의 묘도 그냥 지나칠 수 없는 곳이다. 경기도 연천군 미산면 아미리의 포장이 안 되고 꾸불꾸불한 농로를 따라 조금 들어가면 차를 댈 수 있게끔 자그마한 주차장이 있다. 차에서 내려 앞산을 한번 보고 묘로 올라가는 길에는 신도비 2개가 있는데, 새로 만들어 세운 것으로 보이는 비석 뒤편 설명을 보면

〈1563년(명종 18)에 세운 것은 너무 오래된 데다 글자에 이끼가 끼고 전쟁 때 탄흔이 너무 많아 판독이 어려워 근년에 후손들이 오른쪽에다 하나를 새로 세웠다.〉

고 쓰여 있다.

묘소로 오르며 주위를 보면 재미난 석물들이 보인다. 예전에 세운 문인석은 키는 작지만 큰 얼굴, 큰 귀에 그 표정은 작은 입을 꼭 다문 채 양손을 앞으로 모으고 서 있는 것이 애교스러웠으나 근년의 것은 구척장신九尺長身에다 얼굴에는 미소를 잔뜩 머금고 치렁치렁한 도포자락에 읍揖하는 자세로 서 있다. 어떻든 간에 필자는 이런 묘소에 오면 어느 미술관에서도 볼 수 없는 값진

미술품들을 마음껏 구경하는 특권을 가지고 있는 셈이다.

신도비뿐 아니라 다른 석물들도 모두 새로 세운 것이다. 아무래도 옛날 석공들이 직접 망치질과 수작업으로 정성들여 만든 망주석이나 문·무인석이 요즈음 기계로 깎아 만든 것보다 훨씬 정성이 들어갔음이 느껴진다.

비석들을 하나하나 살핀 다음 묘 앞에 오르니 좌우로 용龍, 호랑이虎와 안산案山이 먼저 눈에 들어온다. 한마디로 잘생겼다는 말 외에는 다른 표현이 떠오르지 않는다.

고개를 돌려 오른쪽을 보면 수구의 생김을 알 수 있다. 먼저 좌측 외 청룡에서 뻗어나간 줄기는 마치 한 마리의 용이 금세라도 등천을 하려는 듯 발에 힘이 들어가 있고 출렁이는 몸체는 묘 앞을 휘감아 싸도는데 그 사이사이에서 나온 줄기 또한 모두 안으로 혈을 향해 부복을 한 형상이다. 게다가 그 끝은 앞에서 완연히 머리를 숙이고 창고귀사倉庫貴砂를 만드니 후손들에게 재물과 식록을 끊이지 않게 하고 있다.

뒤로 연이은 산세는 또 다른 용을 만들어 계속 좌반左蟠을 하며 뭉쳐 오르다가 내리는 기복으로 내 백호를 겹으로 싸고 수구 쪽으로 돌면서 경庚, 유酉, 신辛, 술방戌方으로 일자문성一字文星을 만들어 주었고 그 건너편 오른쪽 백호 줄기와 교회交會를 이루고 수구를 만들었다.

여기서 경, 유, 신, 술방을 막아주었다고 했는데 이는 좌坐에서 볼 때 어느 좌이든 북쪽이나 수구방水口方이 허虛하면 안 된다는 말이다. 수구가 허하면 자손들의 벼슬길이 막힌다. 그래서 수구가 나가는 곳이나 허한 곳을 막아 주는 안산을 찾아야 하며 구색이 갖추어지지 않으면 풍수 용어로 '조부자 삼대 연걸지지祖父子三代連乞之地'라 하는데 뜻은 삼대에 걸쳐 밥을 빌어먹는다는 뜻이다.

성종의 국구이자 중종의 외조부인 윤호 묘비, 경기도 연천군

심덕부의 묘가 있는 이 산은 수구도 잘생겨 보면 볼수록 참으로 예쁜 산이다. 영원부원군鈴原府院君 윤호尹壕의 묘와 비교하면 그곳은 백호 줄기가 잘생긴데 비해 여기는 반대로 청룡 줄기가 잘생겼다.

덧붙여 말하자면 풍수학에서는 청룡이 잘생겨야 아들들이 잘 풀린다고 한다. 이 묘는 청룡이 잘생긴 까닭에 아들들이 모두 잘 됐다. 더불어 손녀딸 또한 세종의 왕비가 되어 조선 시대 청송 심씨 가문을 꽃피웠으니 백호 줄기도 무시는 못 하리라.

아래에 설명한 심덕부의 후손들이 조선조에서 활약한 사실을 보면 수긍이 될 것이다.

## 상신에 오른 심덕부와 그의 일곱 아들

청성백 **심덕부**에게는 7명의 아들이 있었는데 벼슬이 오를 때마다 그의 거친 손을 내어 보이며

"나의 자리는 이같이 손이 헐도록 근로 끝에 얻은 것인데, 너희들은 어찌 편안히 앉아 지낼 것인가."

하고 훈계하였기로 아들들이 이에 자극받아 상신相臣[5]의 집 자식들 같지 않게 근면을 하였다. 이로써 가통을 이었고 이 가통이 대성한 청송 심씨 명맥의 정신적 보운이 된 것이었다.

심덕부의 처음 시호는 공정恭靖이며 나중에 정안定安으로 고쳤다. 심덕부는 1401년(태종 1) 세상을 떠났으며 본관은 청송靑松, 자는 득지得之, 호는 노당蘆堂과 허당虛堂이다.

특히 그의 다섯째 아들인 심온은 세종世宗의 국구國舅가 되었으며 여섯째 아들인 심종沈淙은 태조의 부마가 되어, 왕실과의 혼인을 통하여 거족巨族으로 성장하는 기틀이 그에게서 이루어졌다. 또한 심온의 아들 심회沈澮가 세종 때 영의정이 됨으로써 조선 시대 최초의 삼세입상三世入相의 영예를 이루었다.

심덕부의 아들 **심온**은 고려 때 문과에 급제하여 고려 조정에서 벼슬을 하다가 아버지와 함께 조선왕조 창업에 참여하며 간관의 직무를 맡아보았다. 심온의 태어난 해는 확실하지 않으며 자는

---

5) 상신相臣: 영의정, 좌의정, 우의정을 통틀어 이르는 말.

태종의 부마 심종 묘소, 경기도 파주시

중옥仲玉이다. 1408년(태종 8) 그의 딸이 충녕군忠寧君(세종)의 비가 되면서 왕실과 인척관계를 맺고 벼슬도 높아졌다. 1411년(태종 11) 풍해도豊海道 관찰사가 되어 백성을 침탈하고 병기 관리에 소홀한 수군첨절제사 박영우朴英祐를 파직시키고, 이어서 대사헌이 되어서는 관기 확립에 힘썼다. 1414년(태종 14) 변정도감제조辨正都監提調와 형조판서를 역임하면서 고려 후기에 권세가들에 의하여 천민으로 바뀐 양민들의 신분 정리 사업을 하였고 이어서 호조판서, 좌군총제, 한성부 판윤을 역임하였다. 세자인 양녕讓寧 대군의 행동에 연루되어 대간의 탄핵을 받기도 하였다. 그 뒤 이조판서와 공조판서를 역임하고, 양녕 대군을 대신하여 충녕 대군이 세자로 책봉되고 이어서 세종으로 즉위하자 국구國舅로서 영의정에 올랐으며 청천부원군靑川府院君에 봉해졌다. 심온은 정치의 실권을 가까이하며 일곱 아들 가운데 가장 대성한 아들이었다. 1418년(세종 즉위)에는 사은사謝恩使로서 명나라에 가게 되었는데 이때에 그의 동생 심정沈泟이 병조판서 박습朴習과 같이 상

함양 박씨 박습 단비                        경기도 파주에 있는 박은 묘비

왕인 태종의 병권 장악을 비난한 것이 화근이 되어, 의주義州 압록강을 통해 돌아올 때 체포되어 수원으로 압송된 뒤 44세의 나이로 사사되었다. 심온은 죽을 때 박은의 후손과 대대로 상혼相婚하지 말라고 유언했다 한다.

이 사건은 심온이 국구로서 세력이 커짐을 염려한 태종의 견제와 평소 심온과 사이가 나빴던 좌의정 박은朴訔이 심정의 형 심온이 시킨 일이라 무고했음이 밝혀져, 뒤에 세종은 관직을 복위시키고 시호를 내렸다. 심온의 시호는 안효安孝이다.

심덕부의 작은 아들 도총관都摠管 **심정**은 태종 때의 상신으로 태종이 세종에게 선위한 뒤에도 군국대사軍國大事를 직접 처리하자

"군국의 대사를 상왕上王(태종)이 쥐고 흔드는 것은 부당하다."

고 불평하였다. 또 병조 참판 강상인姜尙仁은 이의 부당함을 들어

부관참시를 당한 심회 묘소, 경기도 파주시

군사 관계에 대해 세종에게만 보고하고 상왕에게는 알리지 않았는데 이 일로 상왕을 성나게 하여 강상인의 옥사가 일어났었다. 이 일로 심정을 비롯하여 강상인, 심온, 박습, 이관李灌 등은 녹권祿券과 직첩職牒을 빼앗기고 관노官奴가 되었다가 같은 해 11월 26일 사형당하였다.

심온의 셋째 아들 **심회**는 1418년(태종 18) 태어난 조선 초기의 문신이다. 자는 청보淸甫이며, 세종의 비 소헌昭憲왕후의 동생이다. 심회는 아버지가 강상인의 옥사에 연루되어 사사되었기 때문에 등용되지 못하다가 세종 말년에 아버지가 신원되자, 문종文宗이 즉위한 뒤 음직으로 돈녕부 주부에 등용되었다. 이어 여러 관직을 거쳐 1459년(세조 5) 안주安州 선위사宣慰使를 겸하고 판중추원사가 되었다. 1461년 영중추원사, 형조판서를 거쳐 1463년 경기도 관찰사가 되고, 1466년(세조 12) 좌의정이 되었다. 이듬해 영의정이 되고 1468년(예종 즉위) 남이南怡의 옥사를 처리하여 익대

공신翊戴功臣 2등에 책봉되었으며 청성군靑城君에 봉해졌다. 1471년(성종 2) 원상院相으로서 서정庶政에 참여하고, 1473년 진충협보盡忠夾輔의 공으로 좌리공신佐理功臣 2등에 책록되었으며 청송부원군靑松府院君에 봉해졌다. 그뒤 성종의 신임을 받아 국가의 대소 정사에 참여하였고, 1486년(성종 17) 궤장几杖을 하사받았다.

1493년(성종 24) 세상을 떠나며 순탄하게 마무리된 듯 보이던 심회의 인생은 1504년(연산 10) 갑자사화甲子士禍 때 연산군의 모친인 윤비尹妃의 폐출 사건에 동조하였다는 죄로 관직이 추탈되고 부관참시剖棺斬屍를 당하는 아픔을 겪게 된다. 뒤에 신원되었으며 시호는 공숙恭肅이다.

심회의 아들 **심원沈湲**은 음보蔭補로 내자사판관內資寺判官으로 재직 중 1467년(세조 13) 함길도咸吉道에 점마별감點馬別監으로 출장하였다가 이시애李施愛의 난으로 함흥咸興에서 순절하였다. 자는 도원道原이며 좌찬성左贊成에 추증되었다.

심회의 아들 심원 묘비, 경기도 파주시

심원의 아들 **심순문沈順門**은 일찍이 아버지를 여읜 후 학업에 뜻을 두지 않고 방황하였으나 어머니가 이를 걱정하여 엄히 훈계하고 교육하니, 마침내 깨닫고 열심히 학문에 정진하였다. 1486

심순문 묘비, 경기도 김포    심순경 신도비, 경기도 파주시

년(성종 17) 진사시에 합격하고 1495년(연산군 1) 별시문과에 을과로 급제하여 승문원 정자에 보임되었다. 박사에 승진되어 『성종실록』 편찬에 참여하였으며 이어서 부수찬, 정언, 부교리, 지평을 거쳐 1503년(연산 9) 장령에 올랐다. 이때 국왕 의복의 장단을 지적하여 연산군의 미움을 사고 이듬해 갑자사화에 연루되어 개령현開寧縣에 유배되었다가 참수되었다. 성품이 강직하고 직언을 잘하여 연산군의 폐정을 자주 지적하였으며 중종 때에 복관되었다.

 심순문은 연산군에게 무척 미움을 받았던 것으로 보인다. 『정암연주靜庵筵奏』에 보면 임금의 얼굴을 쳐다보았다는 것으로 죄를 입었다 하였고, 이 죄 없는 죽음을 두고 대간들이 무척 논의했다는 기록도 남아 있다. 그 이유를 보면 이전에 심순문이 사랑했던 기생을 연산군이 강탈해 간 일이 있었는데 이 같은 관계를 둔 연

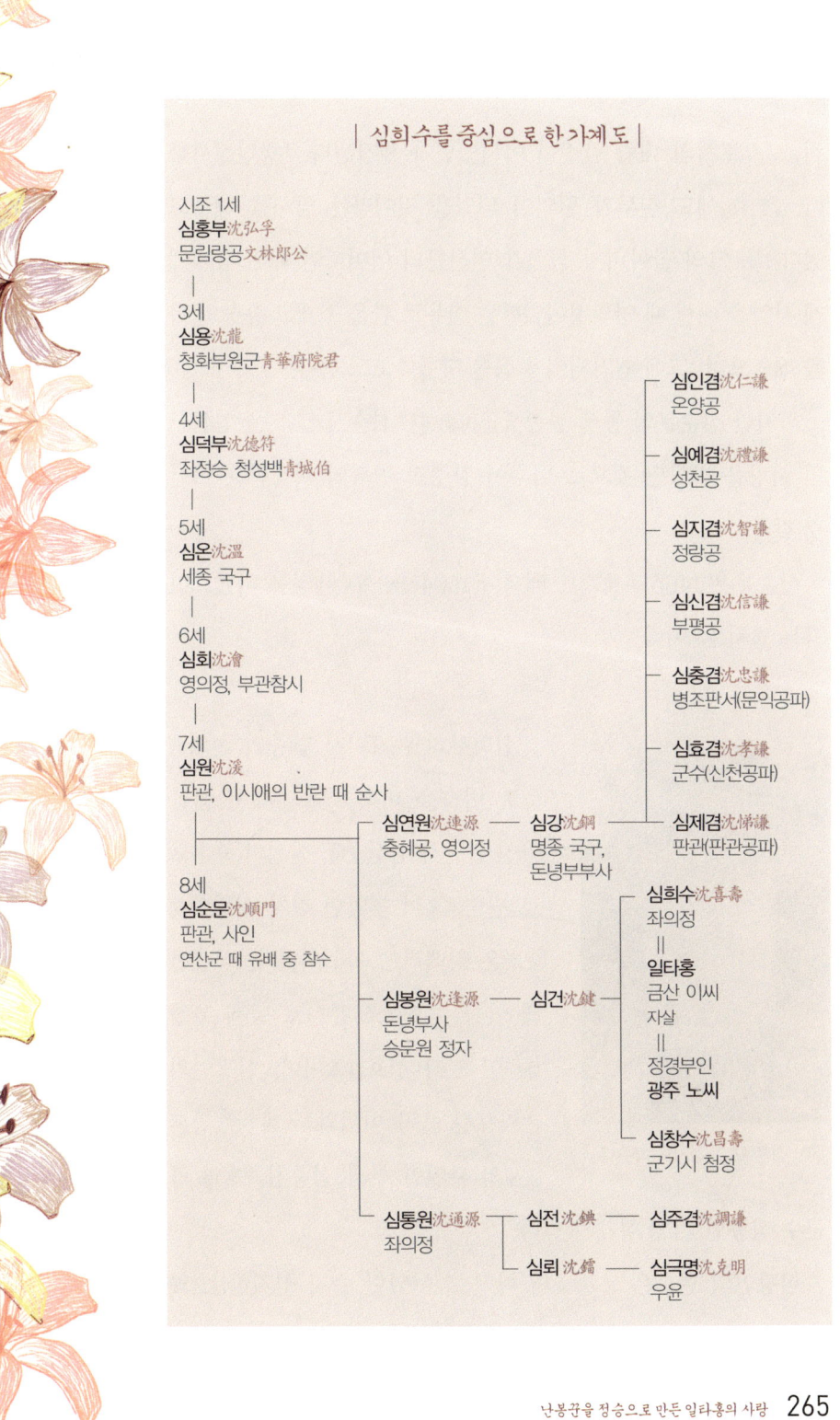

적戀敵으로서의 대립 감정이 아니었던가 생각된다. 『병진정사록丙辰丁巳錄』에도 질투가 원인이 되었을 것이라는 암시를 해놓고 있다. 또 그의 할아버지 심회가 연산군의 어머니인 폐비 윤씨에게 사약을 내릴 때 영의정이었다는 연유로 관을 쪼개고 송장의 목을 베었으며, 그에 연좌되어 죽음을 당했다고도 한다.

하지만 심순문의 동생 절충장군折衝將軍 심순경沈順徑은 연산군의 사랑을 받았던 것으로 미루어 감정적 연좌의 희생만은 아닌 것 같다.

심순문은 1465년(세조 11) 태어나 1504(연산 10) 세상을 떠났으며 자는 경지敬之이다.

우계 성혼 묘비. 경기도 파주시

심덕부의 손자이자 단종의 손위遜位로 벼슬을 버리고 초야에서 삶을 마친 관찰사 심선沈璿, 심선의 증손으로 필명筆名이 높았던 참찬 심광언沈光彦은 청백리에 녹선되었다. 심광언의 아들은 조광조 문하로 당세 고절高節인 진사 심호沈鎬이며, 심광언의 손자로는 율곡 이이와 우계牛溪 성혼成渾의 문인인 부사 심종침沈宗忱 과 군수 심종민沈宗敏 형제가 있다.

심광언의 현손은 조광조의 학맥學脈이었던 승지 심지한沈之漢

이며, 병사 **심진**沈䈿은 심광언의 5세손이다. 그는 외조부인 김제남金悌男에 연좌되어 평생 서울 성안에 발을 딛지 않았다. 어영대장 **심낙신**沈樂臣은 심진의 5세손으로 청송 심씨의 유일한 무인으로서의 맥을 이었다.

### 청송 심씨 인맥에 중흥을 일으킨 이들

심순문의 맏이는 명종明宗 때 영의정을 지낸 **심연원**沈連源으로 그는 아버지가 군기사軍器寺 앞길에서 목 베어 죽임을 당했으므로 일생토록 그 길로 지나다니지 않았다 한다. 심연원은 항상 가문이 융성하고 왕실의 외척됨을 경계하여 손자의 이름들을 모두 겸謙자 돌림으로 하여 행실을 다잡았다.

심연원 묘비, 경기도 김포시

심연원의 큰 치적은 불에 탄 경복궁을 중수重修한 것으로 그의 선조인 심덕부가 처음 경복궁을 짓고, 그가 다시 중수를 하니 세상 사람들이 모두 특별한 인연이라고 말하였다.

1491년(성종 22) 태어나 1558년(명종 13) 세상을 떠났으며 명종의 묘정에 배향되었다.

둘째는 수찬 **심달원**沈達源으로 1519년(중종 14) 이조 좌랑으로 있을 때 기묘사화己卯士禍가 일어나자 조광조의 무리라 하여 맨 먼저 옥에 갇혔다가 유배되었으며, 1522년 풀려나 성균관 직강直 講에 임명되었으나 대간들의 탄핵으로 곧 교체되었다. 그 뒤 1530년(중종 25) 오위五衛의 호군護軍이 되었으나 뇌물을 받은 혐 의로 탄핵되어 파직되었다.

그러나 한어漢語, 이문吏文(중국과의 외교문서에 쓰던 용어나 문체)에 능통하였으므로 1533년(중종 28) 승문원 판교判校에 임명되어 외 교문서 작성에 공을 세웠다. 이듬해 정시庭試에 급제하여 반숙마 半熟馬 1필을 하사받았으며, 벼슬은 통례원좌통례通禮院左通禮에 이르렀다. 1494년(성종 25) 태어났으며 자는 자용子容, 사망한 해 는 확실치 않다.

셋째는 명종조의 명신 **심봉원**沈逢源으로 마음을 수양하는 선인 仙人으로서 더 알려진 인물이다. 그는 태화산太華山 기슭에 집을 짓고 호를 효창曉窓 노인이라 하고는 하얀 수염을 날리며 산수 속 에서 여생을 살았는데 그의 생활 법도가 특이하여 주의를 끌었 다. 옷은 반드시 무게를 달아 무겁지도 가볍지도 않게 지어 입었으며 밥도 반 드시 숟가락을 세어서 먹었고 씹는 것 도 그 속도나 횟수가 정해져 있었다. 또한 동작과 휴식을 조절하며 마음 쓰 는 것도 그 심로心勞의 분량을 근량斤量 으로 재듯 하였다. 심봉원이 30세에 병 들어 10년간 폐인처럼 지내면서 터득

심봉원 묘비

한 심기心氣 안정법이 그 같이 체질화 된 것이었다.

어려서는 악동들과 어울려 놀기를 좋아하였으나 나이가 들면서 깨닫고 차츰 공부에 힘써 20세에 성균관에서 학문을 익혔다. 1537년(중종 32) 별시문과에 을과로 급제하여 성균관 학유學諭가 되어 의정부 사록司錄을 겸하였으며 이듬해 탁영시擢英試에 병과로 발탁되어 사과司果에 제수되었다. 그 뒤 사간원 정언을 거쳐 인종仁宗이 즉위하자 사헌부 헌납이 되어 경연에서 기묘사화 때 억울하게 처단된 조광조의 신원을 진언하였다.

명종 때에는 소윤小尹의 편에서 대윤大尹의 거두인 유관柳灌과 유인숙柳仁淑 등을 탄핵하고 숙청하였다. 이어서 사헌부 장령, 홍문관 교리, 사간원 사간, 성균관 사예, 홍문관 전한 등 청요직을 두루 역임하고, 1553년(명종 8) 승정원에 들어가 왕의 측근으로 오랫동안 보필하였다. 이후 예조참의와 돈령부동지사를 역임하다가 노환으로 사임하였다. 심봉원은 1497년(연산 3) 태어나 1574년(선조 7) 사망하였으며 음률音律, 의술醫術, 서법書法에도 밝았다. 자는 희용希用이다.

심순문의 막내아들은 **심통원沈通源**으로 1564년(명종 19) 좌의정에 이르고 기로소에 들어갔으나 이듬해 왕의 외척으로 윤원형 등과 권력을 남용하여 뇌물을 받은 것이 알려져 삼사三司의 탄핵을 받고 사직하였으며 1567년(선조 즉위) 관직이 삭탈되었다.

심봉원의 아들 **심건沈鍵**의 자는 중계重啓로 1519년(중종 14) 태어났다. 심건은 어릴 때부터 총명하여 아버지의 친구인 윤개尹漑

심희수 아버지 심건 묘비, 경기도 고양시

심통원 신도비, 경기도 포천

경기도 파주시에 있는 윤원형 묘소

의 사랑을 받아 그의 가숙家塾에서 배우며 자식처럼 자랐다. 1543년(중종 38) 사마시에 합격하여 진사가 되고, 1548년(명종 3) 별시문과에 병과로 급제하였다. 승문원정자承文院正字, 사간원정언司諫院正言을 거쳐 1550년(명종 5) 충청도 지방에 어사로 나갔다가 병을 얻어 공주의 관사에서 죽었다.

심연원의 아들 **심강**沈鋼은 명종의 비 인순仁順 왕후의 아버지로서 권문귀족 속에서 이지러지기 쉬운 가풍을 훌륭히 세워 나갔던 인물이다. 1543년(중종 38) 진사시에 합격하고 1546년(명종 1) 청릉부원군靑陵府院君에 봉해졌으며, 돈령부영사敦寧府領事를 지냈다. 1563년 신진 사류인 박순朴淳 등이 화를 당하려던 때에 이들을 구하고, 권신 이량李樑을 제거하여 칭송을 받았다.

심강의 아들은 서인의 거두 **심의겸**沈義謙이다. 1564년(명종 19) 호당湖堂을 거쳐 대사건에 이르렀는데 그를 가리켜 퇴계 이황은 "외척 중에 어진 이가 있음은 국가의 복이다"라고 하였고 율곡 이이는 "심의겸은 외척 중에 아름다운 사람이다"라고 평할 정도로 인품과 행실이 훌륭했었다.

심의겸은 보수적인 선비들의 기수로 명망이 높았는데 김종직

심강 묘비, 경기도 김포

심의겸 신도비, 경기도 파주시 광탄

金宗直 학통의 김효원金孝元을 중심으로 한 신진 선비들과의 대립으로 동서분당東西分黨의 씨앗이 된 분이기도 하다. 나주의 월정서원月井書院에 제향되었다.

심강의 작은 아들은 임진왜란의 호종 공신 병조판서 **심충겸**沈忠謙이다.

심충겸의 아들은 이재理財에 능한 경제 정치가 영의정 **심열**沈悅이다. 심열의 현손은 경종景宗 비의 아버지인 **심호**沈浩이다.

심의겸의 아들은 시무십이소時務十二疏, 안변십책安邊十策 등 명소를 올린 학자 **심광세**沈光世이며 작은 아들은 인조반정에 공훈을 세운 공조 참판 **심명세**沈命世이다. 셋째 아들은 태백太白 다섯 처사處士 가운데 한 분인 부사府使 **심장세**沈長世이다.

순조純祖 때 조신인 이조판서 **심능악**沈能岳은 심광세의 7세손

심충겸 묘비(좌)와 심열 묘비(우), 경기도 양평군

이며, 심능악의 손자가 고종高宗 때 상신 영의정 **심순택**沈舜澤이다. 그는 생전에 청녕공靑寧公으로 봉했는데 죽기 전에 봉공封公을 받은 것은 조선 시대 그가 최초다.

심광세의 현손은 이조판서 **심택현**沈宅賢, 심광세의 6세손은 정조 때 상신 영의정 **심환지**沈煥之와 예조판서 **심승택**沈承澤, 심택현의 손자는 예조판서 **심풍지**沈豊之, 심택현의 증손은 영조의 부마인 **심능건**沈能建, 심택현의 5세손은 예조판서 **심경택**沈敬澤이다.

심의겸의 6세손은 숙종肅宗 때 영의정을 지낸 **심수현**沈壽賢, 심수현의 아들은 효자로 널리 알려진 대사헌 **심육**沈錥 이다.

심달원의 손자들로 임진왜란 때 원병으로 온 명나라 군사의 횡포를 다스리다가 무고를 당했던 선무공신宣武功臣 이조참판 **심우승**沈友勝, 임진왜란에 사재를 털어 1천여 의병을 일으켜 김천일金千鎰의 막하에서 싸우다가 진주성 함락 때 남강에 몸을 던져 순절한 군기사첨정 **심우신**沈友信, 역시 임진왜란 때 한강 전투와 임진강 전투에서 용맹을 날린 목사牧使 **심우정**沈友正이 있다.

심우승의 아들은 이조판서 심액沈詻, 심액의 아들은 승지承旨 **심광수**沈光洙로 인조가 왕통을 강화하기 위해 추진한 정원군定遠君 추숭에 반대하고 최명길崔鳴吉을 처형하자고 할 정도로 적극적인 척화론斥和論을 강조하였으며, 남인의 지도자로서 서인과 대립하였다. 이이와 성혼成渾을 문묘에 모시자는 주장에 반대하였고, 효종 사후 자의慈懿 대비의 상복에 3년설을 주장하였다가 송시열을 중심으로 한 기년설朞年說에 패하여 축출된 상태에서 죽었다. 2차 예송禮訟에서 남인이 승리한 뒤 윤휴의 건의로 1676년(숙종 2) 이조참판이 추증되었다.

최명길 묘비, 충북 청원

심우정의 아들은 **심현沈誢**이다. 심현의 굳은 심지와 절도 있는 죽음에 대한 일화가 전한다. 심정의 나이 70세에 병자호란丙子胡亂이 일어나 부부가 함께 강화도에 피난 갔다가 청병이 상륙했다는 말을 들었다. 조카 심동구沈東龜는 배를 대놓고 발을 구르며 피난할 것을 재촉하고 있는데 심현은 애써 돌려보내고 조복朝服을 입은 다음 동쪽을 향해 사배四拜를 하고 임금에게 올리는 유소遺疏를 지었다.

〈신臣 현은 동향 사배하고 남한산성에 계신 주상 전하에게 올리옵나이다.〉

로 시작된 이 소의 내용은 임금에 대한 죽음의 보은報恩이 내용이었다. 그 유소를 외손자 박장원朴長遠에게 들려 배에 태워 보낸 다음 부인 송宋씨를 돌아보고,

"정은 백 년을 같이 하고 의는 한 번 죽음을 같이 하니 내가 충신이 되고 그대는 충신의 아내가 되지 않겠는가."

하고 죽음에의 권유를 하였다.

송씨는 종용당고사從容堂故事를 본받겠다는 답을 하였다. 종용從容이란 죽음이 주는 생리적 고통이나 정신적 갈등을 무화無化시킨다는, 삼엄하고 극한 상황에 있어서 가장 부드러운 인간 행동의 표현이다.

서로 맞보고 "갑시다" 하고 목을 매었는데 서로의 어깨를 짚고 편안히 운명을 맞이한 모습으로 죽어 있었다 한다.

심우정의 작은 아들은 1636년(인조 14) 병자호란에 왕세자 인질 외교를 맡았던 예조판서 **심집**沈諿이다. 그는 1601년(선조 34) 무고를 받은 성혼成渾을 변호한 일을 비롯하여 광해군 초에도 직언을 서슴지 않아 좌천과 면직이 거듭되는 등 곡절이 많았다. 그 뒤로도 폐모론이 일어나자 사직하였다가 1623년 인조반정으로 다시 등용되었다. 1629년(인조 7) 형조판서까지 올랐으며, 1636년 병자호란 때는 대신으로 가장하고 청나라 진陣에 가서 화의를 교섭했으나 탄로나 이듬해 파직되었다. 1638년 용서되었다.

사간 **심동구**沈東龜는 심집의 아들로 인조반정 공신인 좌의정 심기원沈器遠의 대역大逆 사건에 연좌되어 장흥에 유배당하였다.

정종 때 박학博學의 학자 참판 **심염조**沈念祖는 집의 7세손이며, 심염조의 아들은 순조 때의 학자이자 명상으로 영의정과 대제학을 지낸 **심상규**沈象奎이다.

일타홍이 마음을 다해 섬기고 이끌었던 **심희수**는 심봉원의 손자이다. 심희수는 좌의정과 대제학에 이르렀으나, 화려한 직함에도 불구하고 그의 집은 허물어져 가는 두어 칸 집 1채 밖에 없었다. 임금이 대궐의 말 1마리를 몰래 보내어 팔아서 집을 고치라고 시켰을 정도라고 한다. 또한 원만한 상신으로 난시를 당해 국사를 의논할 때 곧잘 저고리 자락을 적셨기에 심희수의 옷섶이 젖으면 격론하다가도 숙연해지곤 했다.

심희수의 증손은 이조판서 **심졸**沈梓 이다.

심온의 5세손은 임진왜란에 순절한 공신 경기京畿 감사 **심대**沈岱이며, 심대의 아들로는 인조 때의 절신節臣 사인 **심대부**沈大孚와 이괄의 난에 순절한 금부禁府 도사 **심대임**沈大臨 형제가 있다.

인조 연간의 명 감사監司로 함경咸鏡 감사를 지낸 **심연**沈演과 평안平安 감사를 지낸 **심택**沈澤은 심대의 종손이다.

임진왜란 때 임진강 전투에서 전사한 훈련 판관 **심탁**沈鐸은 심선의 현손이며 심탁의 아들은 도의와 문학, 고절高節을 갖추었다던 명신 **심종적**沈宗迪이다.

효종조의 상신 영의정 **심지원**沈之源은 심종침의 손자이며 심지원의 아들은 효종의 부마였던 **심익현**沈益顯, 심지원의 증손은 저명한 산수화가 **심사정**沈師正, 심지원의 6세손은 제주濟州의 기민 구제를 위해 애썼던 제주 목사 **심낙수**沈樂洙이다.

### 왕가의 힘을 얻고 중흥을 맞이한 부끄러움

흥선興宣 대원군의 부인 민씨의 여동생은 현감 심응택沈應澤의

심지원 묘비, 경기도 파주시     효종 부마 심익현 신도비, 경기도 파주시

부인으로 심응택의 아들 심상훈沈相薰에게 있어 흥선 대원군은 이모부가 되며 고종과는 이종사촌이 된다. 이 혈연으로 대원군 집정 이래 심씨 일가는 중흥을 맞이한다.

심상훈의 모부인이 고종의 첫째 아들 완화군完和君을 낳을 때 아이를 받았으며 그 공으로 심상훈은 갑술증강경과甲戌增廣慶科에 피선되어 무위낭청武衛郎廳으로, 그의 아버지 심응택沈應澤은 선혜낭청宣惠郎廳으로, 할아버지 심의현沈宜絢은 사복낭청司僕郎廳으로, 심응택沈應澤은 선혜낭청宣惠郎廳으로 하여 삼대가 일시에 기용되어 당대 사람들의 눈을 끌었다. 이 심씨 집안을 일컬어 당시 서울 사람들은 삼낭청三郎廳 댁이라고 불렀고 일제 강점기까지도 그렇게 불리었다.

이처럼 배경에 의해 출세를 하면 민가의 원망을 사게 마련이고 약간의 흠도 과장되게 전해지기 마련이다. 이를테면 심상훈이 직각直閣 벼슬에 올랐을 때 사람들은 그의 어머니가 왕자의 산파를 한 덕으로 얻은 벼슬이라 하여 산각産閣이란 별칭으로 불렀으며 그 후 심상훈이 갑신정변甲申政變, 동학혁명東學革命 등의 운동에 반해 반혁명의 거장 노릇을 하자 미움을 더욱 사서 이조판서, 선혜당당상宣惠堂堂上에 이를 때까지도 산각이란 별호로 불렸다 한다.

특히 다음의 이야기는 유명하다. 할아버지 심의현이 안의安義 현감으로 있을 때 무위영武衛營에 포목을 상납하는데 그 품질이 조잡하여 고종이 노하였다. 무위영에 하명하여 안의현의 상납리上納吏에게 곤장을 치고 책責하며 그 포목을 퇴하라 하였다.

이 하명을 집행할 무위영 상사인 낭청郎廳은 바로 곤장을 맞을 안의 현감의 손자 심상훈이었다. 그는 상명을 어길 수 없다 하여 할아버지에게 결장決杖을 집행하는 인덕人德 없음을 보였다.

임금에게 피고인이 할아버지라는 것을 상주하고 낭청 자리를 퇴해달라고 간청했다면 형도 면제되고 낭청직도 유지되며 인품도 올랐을 텐데, 심상훈은 이 일로 '부조각父祖閣'이란 악명을 더하게 되었다.

# 참고문헌

김지용, 『역대 여류 한시漢詩 문선』, 명문당, 2005.
이혜순 외, 『한국고전여성작가연구』, 태학사, 1999.
『경주 김씨 태사공파 대동보慶州金氏太師公派大同譜』, 학문사, 1999.
김현룡, 『한국문헌설화 3』, 건국대학교출판부, 1998.
박죽서 저, 허남욱 역, 『조선 여인의 노래』, 동인서원, 1998.
경기도, 『경기 문화재 대관』, 1998.
한국정신문화연구원, 『한국민족문화대백과사전』 13, 1991.
파주문화원, 『파주문화坡州文化』 제3호, 1989.
이은순, 『조선 후기 당쟁사 연구』, 일조각, 1988.
이숙희, 『허난설헌 시론』, 새문사, 1987.
김명희, 『허난설헌의 문학』, 집문당, 1987.
경기도, 『경기금석대관京畿金石大觀』 2, 1987.
허미자, 『허난설헌 연구』, 성신여자대학교출판부, 1984.
정형우, 「조선 시대의 야사 총서」『조선시대 서지사 연구』, 한국연구원, 1983.
김용숙, 『한중록 연구』, 한국연구원, 1983.
안계현, 『한국 불교사 연구』, 동화출판공사, 1982.
김용숙, 『비장秘藏 한둥록』, 숙명여자대학교출판부, 1981.
배종호, 「허균 문학에 나타난 철학사상」『한국문학연구총서』 7, 새문사, 1981.
오해인 역, 『난설헌집』, 해인문화사, 1980.
김용숙, 『조선조 여류 문학의 연구』, 숙명여자대학교출판부, 1978.
김지용, 「삼호정 시단의 특성과 작품」『아세아여성연구 16』, 숙명여자대학교, 1977.
김근수, 「정가당본 대동패림과 도남본 패림」 『야사총서의 총체적 연구』, 한국학연구소, 1976.
김현룡金鉉龍, 『한중 소설 설화 비교 연구』, 일지사, 1976.
조종업, 「허균시론연구」『장암 지헌영 선생 회갑 기념 논집』, 1971.
김현룡, 「태평광기언해본고」『문호文湖 6·7』, 1971.
허경진, 「학산 초담의 원류비평」『국어국문학 75호』, 1977.
김동욱·이병기, 『한둥록』, 민중서관, 1961.
이은상, 『사임당의 생애와 예술』, 성문각, 1957.
김일근 교설, 『영인태평광기언해』, 통문관, 1957.
신석호申奭鎬, 「기묘사화의 유래에 관한 일고찰」 『청구학총靑丘學叢 20』, 1935.
오세창 편, 『근역서화징槿域書畵徵』, 계명구락부, 1928.

이능화, 『조선여속고』, 동양서원, 1927.
안종화, 『국조인물지國朝人物志』, 1909(융희 3).
『조선왕조실록』, 조선
『일성록日省錄』, 조선
『국조방목國朝榜目』, 조선
저자 미상, 『국조인물고國朝人物考』, 조선
편자 미상, 『대동야승大東野乘』, 조선
『승정원일기承政院日記』, 조선
이긍익, 『연려실기술燃藜室記述』, 조선 후기.
저자 미상, 『소대기년昭代紀年』, 조선 후기.
『선원계보기략璿源系譜記略』, 조선
박죽서, 『죽서시집』, 1851(조선 철종 2).
정일당 강씨, 『정일당 유고遺稿』, 조선 후기.
채제공蔡濟恭, 『번암집樊岩集』, 1824(조선 순조 24).
임정주, 『운호집雲湖集』, 1817(조선 순조 17).
심낙수沈樂洙, 『은파산고恩坡散稿』, 조선
김부용金芙蓉, 『운초시雲楚詩(부용집)』, 조선 정조
심진현沈晉賢, 『인물고人物考』, 조선 정조
임윤지당, 『윤지당 유고』, 1796(조선 정조 20).
임성주, 『녹문집』, 1795(조선 정조 19).
저자 미상, 『조야집요朝野輯要』, 1784(조선 정조 8년경.
박지원朴趾源, 『열하일기熱河日記』, 1780(조선 정조 4).
김치인 등 편찬, 『속명의록續明義錄』, 교서감, 1778(조선 정조 2).
홍봉한 등, 『증보문헌비고』, 1770(조선 영조 46).
이의현李宜顯, 『도곡집陶谷集』, 1766(조선 영조 42).
김세렴金世濂, 『동명집東溟集』, 1737(조선 영조 13).
『여지도서輿地圖書』, 조선 영조
이존중 엮음, 『국조명신록國朝名臣錄』, 조선 영조
남용익南龍翼, 『호곡시화壺谷詩話』, 조선
나만갑羅萬甲, 『병자록丙子錄』, 조선 인조
석지형石之珩, 『남한일기南漢日記』, 1636(인조 14).
유성룡, 『서애집 별집西厓集別集』, 1633(조선 인조 11).
조경남趙慶男, 『난중잡록亂中雜錄』, 조선 선조~인조
박동현朴東賢, 『응천일록凝川日錄』, 조선 광해~인조
이수광, 『지봉유설』, 1614(조선 광해 6).
이이, 『율곡전서栗谷全書』, 1611(조선 광해 3).
허균, 『성소부부고』, 1611년(조선 광해 3).
을사전문록乙巳傳聞錄, 1542(조선 중종 37).
김종서 등 편찬, 『고려사절요高麗史節要』, 1452(조선 문종 2).
정인지·김종서 등 편찬, 『고려사』, 조선

### 발로 뛰며 찾아낸 역사 기행이 더해 주는 생생한 현장감
# 도서출판 타오름의 한국사 시리즈

**문밖에서 부르는 조선의 노래**  이은식 저 / 12,000원
노비, 궁녀, 서얼... 엄격한 신분 사회의 굴레 속에서 외면당한 자들이 노래하는 또 다른 조선의 역사.

**불륜의 한국사**  이은식 저 / 13,000원
베개 밑에서 찾아낸 뜻밖의 한국사! 역사 속에서 찾아낸 감춰졌던 애정 비사들의 실체가 낱낱이 드러난다.

**불륜의 왕실사**  이은식 저 / 14,000원
고고려와 조선을 넘나들며 펼쳐지는 왕실 불륜사! 엄숙한 왕실의 장막 속에 감춰져 있던 욕망의 군상들이 적나라하게 그 모습을 드러낸다.

**이야기 고려왕조실록 (상),(하)**  한국인물사연구원 편저 / 각권 14,500원
고려사의 모든 것을 한눈에 살펴볼 수 있는 최고의 역사 해설서!
다양하고 풍부한 문헌 자료를 바탕으로 재미있고 쉽게 읽혀지는 새로운 고려 왕조의 역사가 펼쳐진다.

**모정의 한국사**  이은식 저 / 14,000원
위인들의 찬란한 생애 뒤에 말없이 존재했던 큰 그림자, 어머니! 진정한 영웅이었던 역사 속 어머니들이 들려주는 시대를 뛰어넘는 교훈과 감동을 만나본다.

**우리가 몰랐던 한국사**  이은식 저 / 16,000원
제한된 신분의 굴레 속에서도 자신의 삶을 숙명으로 받아들이지 않고 꿈을 이루기 위해 노력한 선현들의 진실된 이야기.

**읽기 쉬운 고려왕 이야기**  한국인물사연구원 편저 / 16,500원
쉽고 재미있게 읽히는 새로운 고려 왕조의 역사! 500여 년 동안 34명의 왕들이 지배했던 고려 왕조의 화려하고도 찬란한 기록들.

**원균 그리고 이순신**  이은식 저 / 18,000원
417년 동안 짓밟혔던 원균의 억울함이 벗겨진다. 이순신의 거짓 장계에서 발단한 원균의 오명과 임진왜란을 둘러싼 오해의 역사를 드디어 밝힌다.

**신라 천년사**  한국인물사연구원 편저 / 13,000원
고구려와 백제를 멸망시킨 작은 나라 신라! 전설과도 같은 992년 신라의 역사를 혁거세 거서간의 탄생 신화부터 제56대 마지막 왕조의 이야기까지 연대별로 풀어냈다.

**풍수의 한국사**  이은식 저 / 14,500원
풍수와 무관한 터는 없다. 인문학과 풍수학은 빛과 그림자와 같다. 각각의 터에서 태어난 역사적 인물들에 얽힌 사건을 통해 삶의 뿌리에 닿게 될 것이다.

**지명이 품은 한국사**  이은식 저 / 14,500원
국토의 심장부를 포함한 서울과 경기도의 역사가 담긴 지명의 어원 풀이. 1천여 년 역사의 현장이 도처에 남긴 독특한 고유 지명을 알아보자.

**기생, 작품으로 말하다**  이은식 저 / 14,500원
기생은 몸을 파는 노리개가 아니었다. 기생의 연원을 통해 그들의 역사를 돌아보고, 예술성 풍부한 기생들이 남긴 작품을 통해 인간 본연의 삶을 들여다본다.